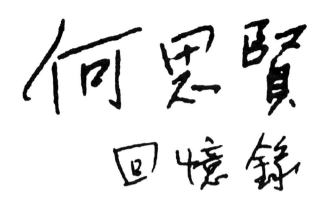

何思賢　　口述

黃珊　　筆錄

口述者序

　　年紀漸大，已經進入執筆忘字時期。恐怕連自己所見、所聞、所遇、所想、所作、所為的事物都會逐漸忘記。

　　尚有一建議回憶錄中並未提及，但我認為有傳開去的價值，就借此序提出，那是：「失蹤人口的資料」。

　　如果有人失蹤又想找回，辦法有：

　　報警察局、貼街招、登廣告等等，各種方法都要提供資料，例如性別、年齡、高矮肥瘦，總之越多越好，如果有視頻（video）當然更好。如果平時收集，要用時就方便，大概可以每年更新。

　　這回憶錄是記得就講，希望讀者覺得有好就仿，有壞就防，未敢以為對讀者有何好處，但起碼可作消閒讀物。

　　多謝筆錄者外甥女黃珊，及協助與支持之三弟思豪、四弟思掂、六妹婉慈。多謝花時間閱讀之讀者。祝各位安康愉快。

　　　　　　　　何思賢　2023年11月　加拿大多倫多
　　　　　　　　封面題字：何思賢

口述者簡介

　　何思賢，1930年出生於澳門，幼時在香港成長，直到太平洋戰爭舉家搬回澳門，畢業於粵華中學。1950年代曾任教於勵群小學，後在香港政府人民入境事務處當文員，1956年開始到汶萊任建築公司文員，又自學成科文及測量員，亦在汶萊當過監工。1969年因父病重回港，70年代初在印尼泗水當管工，及後回香港當測量至1985年退休。1992年移民加拿大多倫多，活躍於各華人社區，為電台烽煙節目常客，曾加入康福心理健康協會當義工，至2013年逐漸隱退。晚年開來上網吸收新知識。

筆錄者序

　　我媽和我在家中都排行最小，成長時圍繞身邊的都是長輩。尤記得很喜歡跟媽媽每年幾次到大舅父家拜祭外公外婆，或者每年去掃墓，因我最愛聽舅父姨媽們聊天。你一言我一語，從他們對事物的觀察和人生經驗中學習到很多東西，這是與同輩朋友相處不會有的收穫。隨著時間也漸漸與各舅父、姨媽熟絡起來。大舅父在我成長時已回香港定居，和我們接觸很多。我記得我唸高中和大一那段時間我時常獨自到元朗探望大舅父和大舅母，互相有一些成人間的交流。後來我到了美國作交換生，也繼續和大舅父有書信來往。

　　年青人總有夢想。聽他們幾兄弟姊妹的故事多了，曾想過為他們每人寫一個傳，把家族的歷史記錄下來，但這當然只屬空想。之後自己忙於組織家庭、照顧孩子和工作，種子仍長埋在泥土裡。直至2010至2013年間，我受聘於加拿大卡加利的中文電台當記者，工作就是採訪、整理、編輯，把「故仔」說出來。同時也體會到每個平凡人也有其獨特的人生閱歷，都有值得我們欣賞和學習的地方。那時孩子們大了一點，空閒的時間多了一些，便在2013年6月從卡加利飛往多倫多到大舅父家，用一個星期時間錄了十小時的訪問錄音，準備開始實現心中的計劃。

　　可惜事與願違，之後的日子我去了全職上班，計劃就無了期

擱置了。感謝2020年的疫情，給我世紀一遇的閒暇，去把錄音翻出來。但我低估了這項工程的艱鉅，疫情完結了還未完成。看著已拖了近十年的時間，大舅父也由訪問時83歲到現在93歲，確實是要抓緊時間去讓這回憶錄面世。

在此特別感激大舅父何思賢先生讓我替他寫這本回憶錄，除了接受訪問，也親筆為封面的書名題簽，在製作和出版過程中充分配合，十年來對我耐性有加；多謝三舅父何思豪先生和我母親何婉慈女士更正本書內容配合事實、提供寶貴照片；感謝四舅父何思摯先生修改文筆、給我出版方面的寶貴提點及建議，以及出版的財務支持；也感謝表哥何其銳博士協助掃描舊照片，最後特別感謝程慧雲女士最後一刻的提醒及義務作最後校對。由於時間倉卒，行文、組織未能仔細斟酌，亦未有時間尋找更多大舅父工作、日常生活的照片，望多多包涵。但至少能把重要和有趣的記下來，也算為這個家族盡了點綿力。

黃珊　2023年11月　澳洲悉尼

筆錄者簡介

　　黃珊，1970年出生及成長於香港，1993年香港中文大學新亞書院工商管理系畢業，1999年移居加拿大，曾任職私人企業、高等院校、政府機關、非牟利組織及傳媒。自小喜愛文字，在學期間經常投稿報章學生版及參加徵文比賽，大學時期曾參與文社活動。近年閒時愛行山和拉二胡。

1／2　口述者祖父母（年份不詳）
3　口述者祖父墓碑

4 口述者父（何天覺）母（鄭展怡）（1930年新婚照）

5 | 6

5　口述者母（年份不詳）
6　口述者父（年份不詳）

7
8

7　口述者與父母弟妹合照於香港（攝於1939年左右）
8　口述者與父母弟妹在澳門南灣公園合照（攝於1951年）

何思賢

一九五○年高三明社全體畢業同學合照

自然科教師何思賢

9
—————
10

9　口述者粵華中學高中畢業照（攝於1950年）
10　口述者與澳門勵群小學應屆畢業生及教職員合照（攝於1954年）

11

12

11　口述者與父母弟妹在墨山巷老家合照（攝於1952年）

12　口述者與父母弟妹合照於澳門（攝於1955年銀婚紀念日）

13　口述者在汶萊學校校舍前（攝於1956年）
14　口述者在汶萊政府職員宿舍門前（攝於1956年）

四弟思搞　六妹婉慈　二妹婉愉　　　二妹夫　五妹婉忻　　三弟思豪

一九五九年三月廿一号
夏曆己亥年戊月十三日

因避諱刪除資料

15　口述者與妻楊倩儀婚宴當天與父母弟妹及二妹夫合照於澳門（攝於1959.3.21）
16　口述者與父母、妻及子女合照（攝於1961年）

17　口述者在印尼參加旅行團到峇里島（攝於1970年代）
18　口述者在印尼參加旅行團到峇里島（攝於1970年代）

19
20

19　口述者到新界馬鞍山找尋祖父墳（攝於1975年10月19日）
20　口述者與太元船廠同事合照

21
———
22

21 口述者與三弟、四弟合照（攝於香港，1978年左右）
22 口述者妻（左）與四弟妻（沈惠治（中））及三弟妻（黃珠萍（右））合照
　（攝於香港，1978年左右）

23

24

23　口述者與眾弟妹在香港鰂魚涌南豐新邨合照（攝於1981年）
24　口述者與眾弟妹在溫哥華合照（攝於1993年）

25 口述者與妻在五妹溫哥華家（攝於1993）

26
27

26　口述者與眾弟妹在溫哥華合照（攝於1995年）
27　口述者與眾弟妹及妻、三弟婦（黃珠萍（右二））、四弟婦（勞美玉（右三））在溫哥華合照
　　（攝於2008年）

28　口述者與眾弟妹及妻、四弟婦在溫哥華合照（攝於2015年）

29
30

29　口述者於多倫多參加康福心理健康協會與義工同事祝壽（攝於2013年左右）
30　口述者於多倫多參加康福心理健康協會義工活動（攝於2013年左右）

31
——
32

31　汶萊興昌公司馬拉女校工地寫字樓（攝於1956年）
32　汶萊在打樁中的郵政局和興昌建築公司工棚，宿舍（攝於1956年）

33
34

33　汶萊馬拉女校工地和過路之女學生（攝於1956年）
34　汶萊市大街（蘇丹街）（攝於1956年）

35
____
36

35　汶萊市中心廣場，警察廳和興建中的回教廟（攝於1956年）
36　汶萊政府大樓（合署）（攝於1956年）

37
38

37　汶萊文邦戲院（攝於1956年）
38　汶萊街市和「雪人」餐室（攝於1956年）

39　汶萊豬肉市場（攝於1956年）
40　汶萊興建中的回教廟（當時東南亞最大）（攝於1956年）

41
—
42

41　汶萊破廟門外（攝於1956年）
42　汶萊破廟內（攝於1956年）

43　口述者在汶萊幫忙高佬楊照顧的三個孩子（楊顯耀、楊惠容、楊惠蘭）
　　（攝於1956年）
44　口述者在汶萊興昌的工友翁基（攝於1956年）

45　泰安押（一）（攝於1960年）
46　泰安押（二）（攝於1960年）

47
<hr>
48
<hr>
49

47　□述者小學畢業證書
48　□述者初中畢業證書
49　□述者中學演講比賽獎狀

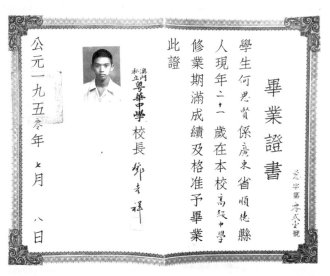

50
51

50　口述者高中畢業證書
51　口述者廣大中學高中畢業證書

天覺回憶

這捲錄音帶，錄了我一段回憶錄，希望各人不要疏忽忘了去。以下就是我的回憶：

我，何天覺，原籍是順德縣、第五區、良村鄉、水埗坊人。曾祖父是十七世祖音鵬公，生四個兒子，第二個兒子是我祖父，叫水佳公，字紫山，亦生四個兒子，大的是茂達，第二叫茂榮，第三叫茂同，都是無後的，第四兒子就是我伯爺（父親），叫茂金，名志波，字文知，我的大元母（嫡母）是新村鄉姓黃的，好早就死了，第二元母是水埗坊的，也是姓黃的，生兩個女兒，第二個女兒生了兩個女兒之後亦死了，以後兩個女兒，分別嫁給各村姓黃的。我的元母（生母）是第三的，亦生各村姓黃的。當時我伯爺在中山石岐做衫舖的，我元母跟他在石岐住，在石岐生了五個兒女，三個兒子，大兒子及第二兒子，生世了久也就死了，三女玉蘭，在中山嫁姓張的，第四女亦在中山，嫁給順德水口鄉姓余的，

在中山住，我三女很小的時候就死了。我三兄七叔及秋，
去節民。初時，世末嵩時在香港做生意，在香港與新金
余家之結婚。現時已很多子孫在香港住。我三子叫錦
池，在1916年春天，跟我哥二及我，由石岐返回下拜山，
返石岐時，因渡（船）過戒規，狀況，那次死了我百人，
我哥二及我幸勿逃生，但哥二錦池生死不明，至今數十
年完全沒有消息。當年我哥二只有14歲，我14歲，弟二
7歲。　我出世全家亡之，1906年8月生於石岐，叫
錦海。當時我父親已68歲，元世34歲而已，至1916年
我與哥二跟住沉船幸而不死，但我父親因懷念功勞
在當年5月死了，死時78歲，葬中山鄉石岐岩的金鐘山。
1908年間我大哥二都在香港住，小小孩子背住帶來香港，
茶行心培西貢南山大排。當我父親死後第二年，正是
第一次世界大戰結束。當年是1918年，我已在石岐讀書，
當年轉了老師，跟中山濠頭鄉鄧掬帆先生讀書，跟我

他的大女兒麗玲。讀了三年書後，到廣州學生裝，在學生
裝的兩年內不曾与麗玲見面。至1924年代末去港，因我
姪兒思源滿月，飲喜酒，發現麗玲同她的世親在香港，
更巧合是樹帆全家与我老母，約同一屋搭住，真巧了。
所以再見到麗玲，從那年起好像有些愛慕，至1928年
我在澳門受職，這期間內，与鄧家走往更加密切，至
1929年与麗玲訂婚。1930年3月，在香港舉行婚礼。在
香港住了三个月之後，搬到澳門。12月，生思陞，1932年生
阿榆，1935年生阿豪，生阿豪那年，因為她受了產褥熱，
完全不大覺，至第二年才能養出來。當延醫了，澳門的中西
醫生都醫過，沒甚麼攻情，好似預先是醫不好了，所以
過來香港在外家延醫，嗯，卒之醫好了。至1937年至1939
年之間，我去星加坡，那三年間來往好多次，一年來往
兩次，至1936年在澳门（那時日本正在打中國），我
通在星加坡，恐怕澳门不平静，因为靠近中山，中山當時

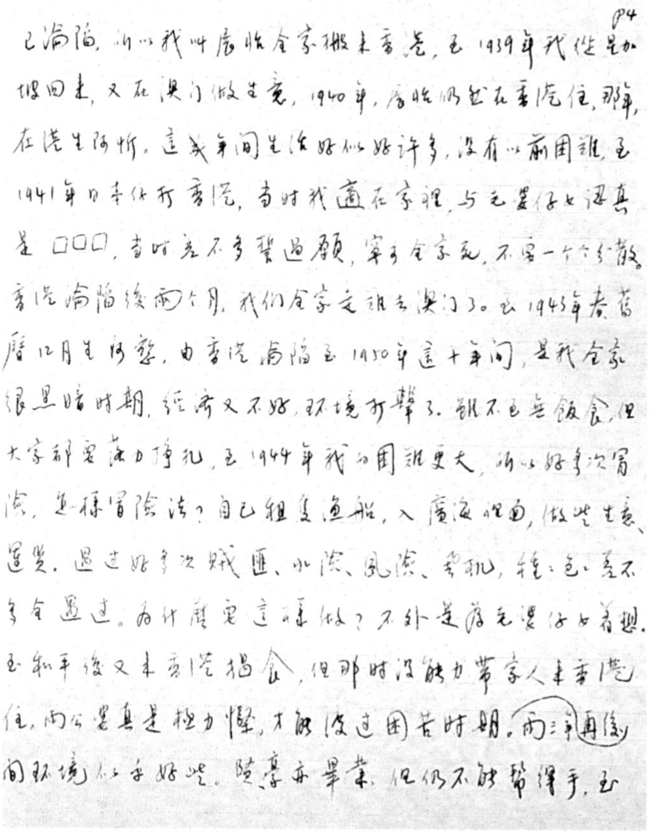

P4

已淪陷，所以我叫房臨全家搬來香港，至1939年我從星加坡回來，又在澳门做生意，1940年，房臨仍然在香港住，那年，在港生阿忻。這幾年间生活好似好許多，沒有以前困難，至1941年日本佔打香港，當时我適在家裡，與元昊仔女渡真是□□□，當时差不多瞽過頭，寧可全家死，不要一个个分散。香港淪陷後兩个月，我們全家走難去澳门了。至1943年春舊曆12月生阿黎，由香港淪陷至1950年這十年间，是我全家很黑暗时期，經濟又不好，环境打擊了。雖不至無飯食，但大家都要落力掙扎，至1944年我的困難更大，所以好多次冒險，是樣冒險法？自己租隻漁船，入廣海附近，做些生意、運貨。遇过好多次賊匪、水險、風險、飛机，往往是差不多命遇过。為什麼要這樣做？不外是為元昊仔女着想。至和平後又來香港揾食，但那时沒能力帶家人來香港住，兩公婆真是極力擰，才能渡过困苦时期。兩三年再後间环境似乎好些。陸[illegible]亦畢業，但仍不能幫得手，至

55　口述者父親何天覺回憶錄音文字版（共9頁）

1955年冬季移入沙廠；1956年春，差不多移入沙廠十天
左右，康服第一次爆血管，醫了三、四个月才醫好，自此住帶
看醫生，食藥，包日都要食藥，今到以"死亡為止，才不食。
1956年10月，陪玉環返鄉州去那時，我俩生活略一點安定下來。
但一到11月，又爆第二次血管，情形与頭一次一樣，同樣醫了
三、四个月不醫好，至1957年，嬌嫁了阮煒彤，在澳小住，那
年冬天兩孫女移入沙廠，1958年賣店的滿，回來，遇識揚
信儀，明到年春我俩全家從奧撤回港。3月與揚信儀
為媒婚，那時惜每在廣州以乳就冠註婚。第二年即1960年
生老敏，我5扂陪搬入新单沙廠宿舍3個房單位，环境很
好，生活更為安定，再後一年生甚銳，時為1961年，8月我
老妇，老，老病，死了，享春94歲，葬在元朗蠶地鄉虎山。
今年1962年5正月，最小的女兒敏入東華三院學護士。實在，
六个兒女都能自立，本主好好，我俩有一份職業，樂、憂、淒
歲月你說多好？誰神，如一病病去了，唉，那年12月9号晚

上左右，他主在5其效，其锐乱，主师谓今路之集，真是主
在裡食，身妙间牙三次爆血管，那时就说頭好痛，我以為
用周他，她时常都頭痛㞞。但身妙间脚扶不起，那时知道
说是"摔倒"了，知道成了大患，扁走这入廣華醫院投
醫生说他是血栓症，亦即是爆血管桉。在廣華醫院留醫三日
都不好，新以入名达。廣華醫院的"激光风"高尾主待
明差不多有救，我佣今都想去法，率之送去洗中今科醫
院前醫其他醫生醫他，望有救。至但意㞞主所谓口口
更迟，沒法去送得迟了，法之即無得醫。率之在四月初
下午7㸃以分，即主寅年11月21日戌时，在我，5㞞之，辜婦
面前死了，那年得53歲。即晚搬去香港殡儀馆。至23日
出殯葬在涌華人山道墳場下去稈㞞多方光，带的各
子孫立一碑，以為永久记念。还有甚麼好讲？唉。

　　缮观他一生，廣结人缘，風光受人氣，辜妙很柔夬，
不計較枝節。这次死，好多人哭出眼淚，也算他是这样。

相夫处世，主持家计，中、肩，男咁上下，我也没甚麼强求，
我与妳没有甚麼特别方法教，但凡事引导，搭去，也曾使
成功了，定好跟她说，亲友每咃劳她的方法，她凡事小事
诶口，不曾咃上口了。她明知一生不曾过过好快乐生活，
已衣食安缺，有一段时期报为時债务。近几年间算是
享这安乐福，但且已过年大，文事做，这说来是她善倡之
道成功。现在她八十多岁死，但差十个也有八九岁了，不算
很高很低咃寿喺。最可惜是我还不曾完全痊愈，连生
一天，我自始至今，都尽我大责任，样小对她负责，尤其
事都坦白忠诚，完全没有骗过她一次，处处问良心，
这辈也没有一件事对她不起，所以我敢对住她灵前，
灵前自摆一对她充尊她，对她说：

你接替，不嫌我穷，我一生对得住你；这句确是事实，
我想信，死傳你就，你得等着候我来。

唉，看，你等多久，我好快就来了，没有甚麼好过了。正

所謂心神意亂，記得一樣就講一樣而已。或者其中好多漏了，如果先母記得她的生平，有那些我沒有講到，補回去的話就好了，實在。

這是我簡略回憶，沒層次想到就講，我在1962年10月30号即去歲10月初四她回娘之前三日，我口述塘把這高手心記錄，今日是1963年3月13，上所謂之聊之類，所以講這兩東西係日期特久，沒有甚麼好講了。（完）

補充：

① 1999年10月，三号思堂将我此集串世代作事跡，亦以声表全飞以志。

② 姐之名字，如喬嬌、小玉、菱、山、茂連茂梁、并金、茂周、北風、又如華在記其亮，乃敢、嬌、也有安。

補1999年4月方之回鄉村尋根加三挂詞（北塘小橋，西的太平三坊何氏家祠）+集杜清蓮"桂棍手茂茂"，注事首圖揚

上文所说"書鵬"公、永佳公、先金公、玉合。
现比扶济業能图满，并记之其语为：
"成材功績渓，為業展英强"

② 小塘坊现名小郡坊；郭村(村)现名草村，与等村。
小口部省与良村相隣。

③ 老了全锤山，差心甚言。

④ 路不济業、言 静以口伐。

⑤ 母親逝世日期，前後们起有黑 姑依考实体

⑥ 所述原籍"顺德縣、杏王匠、良村鄉、小塘坊"
现在称为："顺德市、草济鎮、良村、小郡坊"

目次
Contents

口述者序　　　　　　　　　　　　　003

筆錄者序　　　　　　　　　　　　　005

一、學校　　　　　　　　　　　　　045

二、工作（上）　　　　　　　　　　054

三、南洋　　　　　　　　　　　　　070

四、工作（下）　　　　　　　　　　085

五、元朗　　　　　　　　　　　　　105

六、加拿大　　　　　　　　　　　　109

七、家庭（上）　　　　　　　　　　123

八、家庭（下）　　　　　　　　　　136

九、雜錦　　　　　　　　　　　　　145

一、學校

　　我在1930年12月8日（星期一）出生於澳門。我排行最大，有兩弟三妹。我出生的那個年代生小孩並不是像現在到醫院分娩，而是在家找接生婆。我家在德香里，是舊式屋，兩層高，我們租住在二樓，樓下還有一伙人。那地方又叫垃圾圍，因那是一條掘頭巷，人家都把垃圾堆在那裡。我1999年曾經和我三弟舊地重遊，還在那樓房前拍照留念。

　　我沒上過幼稚園，小學時搬家到了香港。當年一般家庭主要靠男方養家。我父親最初在澳門的工作要遠赴南洋，包括新加坡，他當時收入多了，我們生活條件也有改善，他便舉家搬到香港。搬家的確實理由我不肯定，但我估計是由於我的外公外婆、舅父、阿姨都在香港。此外，我父親有一兄長何節民，他當時在香港，我父親也有跟他工作，包括南洋的生意，也可能與他兄長有關。當時生活環境可以說是最好的一段日子，可以有兩個家傭，照顧二妹、三弟和四弟。

　　我在香港時期曾在不同的小學上過學，很多記憶已印象模糊。但我記得我剛到香港時，唸四年級，英文追不上，因在澳門的小學要到五年級才開始教ABC，而香港是英國殖民地，學生一、二年級已開始學英文，所以無奈要留級一年。我在香港唸過其中一間小學叫「鑰智」，意思是知識的鑰匙。那是一所男女

校，校舍十分大，分男女校舍各一邊，操場卻是共用的，男女生也會混在一起。我特別對那「鑰智」印象深刻，是因為1941年12月8日太平洋戰爭爆發，日本在香港投放第一枚炸彈，那天剛好是我的生日。

　　不久之後我們逃難到了澳門，家人不能立時替我找到學校，有段日子中斷了學業。待找到學校時又過了開學的時間，結果又要重讀一年。那間學校叫「漢文小學」，也是一所男女校，我二妹也在那裡上學。到了初中一時，我升上了粵華中學。進入中學的經歷也困難重重。當時我完成了六年小學，卻無經濟能力升中，我父親千辛萬苦交了一個學期學費，之後卻真的再沒有能力，父親於是去信學校，請求讓我免學費繼續學業，直到高中畢業為止。我父親寫信時，套用學校的慈幼會背景，說希望學校當局秉承慈幼精神，讓他分期付學費，或再減免一些學費，結果學校把我的學費全免。神父對我說，我數學成績很好，我能在一個學期已表現出我的數學天份，他希望我能成才，更說為我找到一個願意負擔我學費的善長。當時所需的學費已不太清楚，但「粵華」在當時屬於較有名的私校，所以學費應該不會太便宜（當時除了這種私校，還有另一類由一些社團營運的公校，性質類似義學的學校）。神父要我必須保持良好的成績，否則那善長會隨時停止資助。結果一直到高中，都是由那人替我交學費。我不知道那善長是誰，可能是由多人一起集資也說不定，我曾問過神父我要多謝誰，神父說多謝畢會長便可以。他是慈幼會的地區會長，是他出力去籌款的。至於誰是正式的捐款人就沒有告訴我（到現在還是一個謎）。

那年代上學都是全日制，我的學業成績一般，不太好也不太差。我身材矮小，體育屬弱項，但數理化讀得最好，也最喜歡。「粵華」初中的課程唸的是動物學和植物學，沒有專門的一科科學，但高中開始便每年分科：高一唸生物，高二唸化學，高三唸物理。到了年終考試，我們會在禮堂開考，學校安排同一班級的學生分開坐，隔鄰的都是另一班級的學生。考試結束後，大家都返回自己的課室討論試題，但唸初中的我在考試後會跑到高中的課室，聽那些學長討論試題。我就在黑板邊聽邊算，把答案寫出來。那時如果我挑戰高中的試題，我可以有70多分，因我在初中已看高中的課本，十分好學。這態度到我長大後也一直如此，我也十分鼓勵人家去學習。

其實我的數學不是一開始便這麼好的，到了在「漢文小學」唸小六的那年才突飛猛進。那時那位老師的教學方法特別好，讓我忽然開竅。我後來的教學法也是從他那裡學的。他會啟發及引導你自己去思考，而不是把知識填到你腦子裡。我只一個學期便成績大進，在第二學期已有「收穫」。當時紙張很貴，屬奢侈品。同學叫我替他們列式，因列式是最難的，我說可以，但要先拿張紙給我。我拿到紙後便把紙先分成兩張，一半自己留著自用，一半用來列式教同學。我到現在也很節儉用紙，是那時養成的習慣。有些同學家境比較富裕，會拿給我一大疊紙，我先留下半疊，餘下的用來教人家，但用光那一半後便要人家再給新的。我那時已懂得賺取這些利益。由於我數學基礎好，到了中學時唸物理、化學，便變得輕而易舉。

我唸的「粵華中學」，英文叫College，比較特別，當時以

澳門的中學來說，屬較為先進，規定學生必須參加一些課外活動。學校有一些興趣小組、××學會等，學生至少要參加一個。我在沒什麼目標下，加入了銅樂隊。學校當時給了我一個中號，是抱著吹的，較小號容易發聲，我便按時到小組練習，這個只是純粹為了符合學校的要求，興趣其實不大。那時的音樂領導是學校的神父、修士之類，音樂造詣頗高。我很記得他叫我們不論吹錯了音，或忘了下一個音，或漏了一個音，千萬不要停下來，必須繼續接著往下走，不要強求挽回那個錯失了的音。我從中學到一個道理，就是作為團體的一份子，不要搞亂整體的秩序，要盡量把正在進行的事維持下去，正所謂表演必須繼續。

另外我也參加了攝影學會，由一位德裔的劉神父主持。他有一架拉卡（Leica）相機，其實神父不會有私人財產的，相機應該是屬於學會所有。Leica 是很名貴高檔的器材，那時菲林和其他材料也十分昂貴。神父為了認得我們每個學生，他要我們每人交一張個人相給他，那在當時來說要花不少錢，他於是叫全班學生坐在一起，拍了一幅集體照，然後把相片放大，再把每個人的頭部逐一剪出來，省了不少錢。由於攝影是高檔玩意，屬貴族班，所以是不會強制參加的。神父要求學生必須有一部相機，即使沒菲林也可以，因當時菲林也不便宜，如果沒有相機，畢業時也要借用人家的相機拍一幅自己的作品，再寫報告呈交作畢業功課（正如你沒有槍，你也要懂得如何去用槍）。如果每人都有一部相機，上課時才能跟著老師的講解去學，又可以研究其他同學的相機，集思廣益。我當時對攝影興趣十分濃厚，那時還要求交些費用作黑房的材料費，那幾塊錢材料費我交得起，但相機真的

沒有能力買。我和劉神父商量，我說我沒有相機，他說你和人家借吧，我說我向誰借呢，他說向那些有相機的人借吧，我說我認識的人只有你有相機，結果他真的把相機借給我上課。神父在課室示範完後便把那名貴的Leica交給我，然後大夥兒出外實習，那時引來不少同學羨慕的目光。這讓我學到要找人幫忙，如果適合，找眼前那人便最方便。我長大後也再次用這個方法去解決了一個開銀行戶口和翻譯合同的問題（參看工作（下）篇及雜錦篇）。

我還記得劉神父離開「粵華」時（當時神父會隔一段時間被教會調到其他地方服務），我送了十隻匙羹給他，因瓷器是中國特產，其他禮物又太貴買不起。我對劉神父說是送給他家鄉的家人的，因如果說是送給他，他或許需要上繳教會。

「粵華」是天主教學校，當時的老師很多是神父，他們都為了宗教放棄了個人生活，加入教會的大家庭。有些神父跑到深山靜修，不問世事；有些則到社會上辦學校、醫院，濟世為懷，尤其是修女，就更多參與社會事業，有些則會做研究等等。慈幼會則主力辦中、小學（當年一些佛教學校的校長會由尼姑擔任，而且很多時她們有教育碩士、博士銜頭）。那時神父和我們是普通師生關係，不會特別去向我們傳教。學校沒有宗教科，卻有一科叫修身科，當然也講及宗教的教義，但不會引用聖經，亦不會強迫你入教。如果你喜歡和神父討論宗教問題，他會樂意和你談，但不會勉強，所以我在那裡上了六、七年學，受他們的恩惠卻也沒有信教。

話雖如此，我中學的時期，在上海有一所叫「時兆聖經函

授學校」，當時我有興趣暸解基督教，便主動發信給他們報讀，之後收他們寄來的資料教材，他們還要求學生交作業，這樣上了十多二十課。畢業時當然問我信不信，我說不信，但還是給我發了畢業證書，表示我完成了他們的課程。所以我對聖經也有點認識，這件事不是很多人知道，因我學習時手上不用拿著聖經，所以人家也不知道我在上基督教的課。

那時澳門是葡國殖民地，有一個時期學校有葡文科，每週一節。教我們的是一個獄卒，他是葡國人，退休前在監獄處工作。我的葡語全忘了，只記得用葡語由一數到五，還懂說「五元」。因當時很多葡國兵或非洲裔的葡國兵來本地人開的商店買東西，那時未有計數機，可以像今天用計數機顯示價錢，有些人因言語不通，怕他們買了東西之後有什麼問題，為省麻煩都不想和他們做生意，於是每次人家問多少錢便說「五元」。那時買日常用品都是幾毛錢有交易的，所以說「五元」是有意趕客，這是我最有記憶的詞語。至於六以上的數目字都已忘得一乾二淨了。

在學校我最不愛唸英文，英文成績很差，因我完全沒有天份，要補考才能畢業。我生字不好，但懂得在考題中抄那些生字來運用，總之胡混過關。我小時身體孱弱，體能完全不行，球類比賽從來不會被選入隊。我被他們視為「負一」，即非但沒有貢獻，還阻礙大局，要別人照顧你。但體育我是合格的，因為我十分熟悉球例，我考球證。我的體育老師在體育學院畢業，對球例十分清楚，我便跟他學，考體育時人家在場上打排球，我便坐在球證位上做球證。

我考音樂是100分的，因考的是樂理，考我們的音樂老師是

位神父，他會作曲，我們的校歌是由他（司馬榮神父）寫的。他考我們的聽寫（dictation），他先把音樂彈一次出來，我們先聽一遍，第二次慢些逐句彈，我們便把音符寫在五線譜上，之後再彈一次，讓我們去核對，我是100分的。還有考和音，老師寫出了一個音，我們要填上它上面和下面的三部，我當時是懂的，現在當然都忘記了。其實這背後是數學，所以考音樂是只考聽寫和樂理，不會考唱歌，因這是和天份有關，不夠客觀。

那時也有美術課，但畫畫方面我不行。那時卻沒有勞作課，因材料會太花錢。幸好我拿到的助學金是贊助專才學生，如果要十項全能，我便沒有資格，最後連中學也會讀不成。

求學時期我對幾個老師印象特別深刻。例如有一個教國文的楊敬安老師，聽說他在國內當過官，後來戰亂逃來了澳門。他特別之處是懂法文，可能曾留學法國也說不定。有一次澳督來探訪我們學校，當翻譯的當然是英文老師，因我們當中沒有人懂葡文，但那楊老師走過去用法文和澳督打招呼，澳督湊巧也懂法文，兩人還談得十分投契。楊老師之後告訴我們，他在國內學習法文時，他的老師特別針對他，在課上匆匆地教幾個生字，第二天便抽他來問，但楊老師說他一定答得對，因為他晚上會點著洋燭去查字典，去苦讀。他這個故事鼓勵了我，無論多困難總要去試。我到今天還是謹守這個宗旨，只要過程和結果沒大害、沒有後遺症、符合法律和道德標準，便去嘗試。楊老師也很有自信，別人去奉承他，說他了不起，他說我是了不起，哪要你來讚？讚不讚我也是了不起呀。這句話我十分受落，正如我是差，你罵不罵我也是差。我雖不至於毀譽不驚，但你讚或罵我，我感覺是一

樣的，我覺得你起碼留意我，肯去罵我、讚我。我的感覺就是到此而已，至於我是否值得讚或罵那是另一個問題，要去再思考。如果我說我沒有感覺，就等於是死物，像泥、石，沒有靈魂，又或者已成了佛，我雖未至於此，但感覺已不太強烈。我就是這樣受這個老師的感染。又記得他說過澳門的郵政真好，因在中國，如果寄信者付不足郵費，郵差是不會把信派給收件者的。但在澳門，如果貼不夠郵票，便會向收件人索取欠資，附加罰款，甚至即使完全沒有貼郵票，他們仍會找收件人收取款項，收件人肯付錢便可收到郵件。我從中學到的是：一定要保持一個對外溝通的途徑，不能被人蒙蔽、被封鎖外間的消息，否則會容易被人陷害、受委屈。這亦使我想起孫中山當年在英國被關在大清駐英國公使館，他靠從窗口拋出小紙條，被人發現，最後獲救，也是用這個方法。

我1950年在澳門粵華中學畢業後，1955年在澳門廣大中學重讀再畢業。我那時和自己說，我40歲前可以讀大學便讀大學，到畢業時我約45歲，拿著大學畢業的學歷去工作、貢獻社會，然後55歲退休。我那時想，用五年時間唸書，有十年可以利用這個成果，非常化算。但如果過了40歲仍然未能上大學便放棄，因年紀已漸大。1955年我25歲，當時香港、澳門都沒有地方升大學，而大陸只收應屆或去屆的高中畢業生，我和三弟有個計劃，他1953年在粵華畢業，我們1954年開始籌劃，1955年在廣大中學，即廣州大學附屬中學，以高中三上學期的成績入學，讀了一個學期的高中三，但我們沒有提及其實我們已高中畢業的情況，目的是拿到考中國大學的資格。考試完了，我三弟考第一，拿了個金質的

校徽，我考第二，如果早知有金質的校徽我便努力一點。因我其實已懂得所有內容，只差英語十分不濟，雖下了苦功也無能為力。那時我們打算高高興興去考大學，以為以我們的成績，應該容易被錄取的。我其實未有計劃在大學唸什麼科目，可能傾向唸農科。到發通行證的時候，有四個人不獲發證，包括我和三弟。當局一日推一日，最後沒有通行證過不了關，便上不成大學。以致之後在國內發生的事，也一一與我無關。我雖沒受文革之苦，卻也未能當上富戶，否則我兒子便會是富二代了（一笑）。後來大家在研究，為什麼這四個人沒有獲發通行證。有人覺得可能是背景問題，因家父在當舖工作，雖不是老闆，也有可能被視為資本家的走狗。但這畢竟只是個猜測，真正原因也不得而知。

二、工作（上）

　　1950年高中畢業後，我先在澳門當教師，當時高中畢業是具當小學教師的資格。我的第一份工作在勵群小學，那也是一間頗有名的小學。在那裡教了一兩年，我的五妹和六妹曾是我的學生，但其中一個卻否認，可能大家記憶都模糊了。我負責兩個科目：算術（即現今稱為數學）及自然（即科學常識，包括物理、化學等）。在一至四年級稱為常識科，包括如何刷牙之類的日常生活知識，到五、六年級高小，改稱為自然科，聽起來正規一點。我負責五、六年級的課程，而且有一套獨特的教學方法。那時一些題目例如肌肉、汽車構造等，會牽涉肌肉的蛋白質、纖維素；還有汽車的發動機、制動機，對小孩子來說頗為複雜難記，我便會用聯想的方式，利用他們日常生活的經驗，例如談肌肉時會以豬肉湯去講解，讓他們觀察豬肉在湯裡的分解過程，去瞭解肌肉的構造；在說汽車時我會由最基本的四個輪胎開始講：有了四個輪，便要有一個車架把車輪固定；汽車如何能動起來呢？便要有發動機；能動了，卻又要能停下來，便需要制動系統；能走能停了，但不能只走直線，於是又需要有轉向系統。我這樣幫助他們記憶、聯想。我也會利用實物講解一些課題。有一次教動物的毛皮，我拿了父親當舖裝飾用的豹皮讓學生去看去觸摸。另一次教磁石，我家裡有，我叫學生從家裡帶些針、刀、萬字夾等回

來，我用磁石過些磁力給他們的物件，引起學生的興趣，也增進和學生的感情。相對其他老師，他們沒有這些材料，也沒有時間去這樣節外生枝，因為我們有固定的教程，需要在有限時間內完成。但我當上課是玩意，把教學內容當故事來講。

當了一兩年教師之後，一些世叔伯對我父親說，在澳門沒什麼前途，應到香港，會多些發展。那時父親、舅父、阿姨也在香港，主張我到那邊見見世面。但我有一個大問題，我英文水準甚差，到現在連拼音也不會，中文則連平仄也分不開，可見我對語言多麼沒天份。到了香港我不能當教師，便在一所學校裡當事務員，記憶中好像是育全中學。那校長是我澳門中學老師的大學同學，是那位老師介紹了我到那裡工作。工作性質類似文員（clerk），負責收雜費、管理教職員的伙食（那時學校提供伙食，教職員每月付費）、管理檔案、報名表格、掃把爛了去買新之類的各項雜務。除了校長、教員，便是我這個職員，工作上不用太多和學生接觸。我最記得當時學校請了個伙頭包伙食，但情況複雜，有些教師在校吃飯，有些回家吃；有些只是星期一至五在學校吃，六、日便回家吃，有些七天也在，我要負責打理有關事宜。教師每月發薪後便要交伙食費，學校發的是中期糧，不是上期又不是下期。我當時接手了一個戶口用作支出，平日的開支如白米、餸菜支出，是足夠的，但如果要添置廚具便不夠，戶口會變為負數。我那時不懂做會計，我覺得負數不是問題。到了我月尾交數時，有幾次是負數，校長便教訓我說，做會計是沒有負數的。我說我沒學過，校長問負數的錢從哪裡來，我說是我借出來的，他便教我要記下是我借出來的。我說我是每次不夠數便補

那筆不夠的數，他說你不要這樣做，要一筆過記，如200元，學校有錢時便會全筆地還你，同時你也要把差額全筆地交給學校，這樣比你每次十元八塊地借出來好，因我的方式沒有記錄。他們就是這樣很樂意教我的會計知識。

之後我也當過香港公務員，在政府人事登記處（即現在的人民入境事務處）當「messenger」，那只是一個職位的稱呼，待遇等同「messenger」的級別而已。我那時負責發身份證，我們十多個男十多個女，像工廠的生產線，流水作業。女工多負責裁照片，再把照片貼在身份證指定位置，工作性質需要多一點細微的手眼協調；男的負責打雞眼，涉及機器操作，但用手整天地操作十分勞累，我們便用繩連著手掣，改用腳去踏，完成後又要蓋上當日的印章，給上級簽名。因辦公大樓存放的是保密文件，當年未有電子保安系統，需有人24小時看守。我們messenger需要輪流守夜，每晚兩人，連續一週或半個月。晚上我們回到寫字樓便自己關在裡面。另外我們也要在前臺工作，我們七天對外開放，方便平日上班的人來領證，但政府職員每週只上班六天，我們messenger便負責在週日到櫃面發放身份證，做的工作等同官員級。我笑說是七面威風，因背面還有一個稍為高級的上司在監督，不能面面威風。

記得我初入職時，上頭派給我們幾頁工作守則讓我們看，其中一條說明：每天上班要負責替文員打掃檯面，清理一下垃圾籮，又要將那日期戳調校到當日的日期，我便依著去做。過了些日子有文員發現竟戳了下一天的日期，我說我只是依著守則做而已。原來平時其他的messenger同事不會調日期戳，那些文員只

好習慣了要自己做。一些文員（多是女的）每天會自己調校日子，結果就戳錯了下一天的日期，那些未有調校的男職員就暗呼走運，未受連累。我馬上聲名大噪，亦從此不去調校日期戳了，雖然這其實是我的工作。也由那時開始，我和那班文員聊得很熟絡。當時香港政府的階級觀念很重，但我作為messenger可以被邀請到文員的家作客，可見當時我和他們的關係密切。

在人民入境事務處的工作做了一兩年，我當時大約23歲左右。1956年9月我遠赴南洋汶萊Burnei Town，即現在的Bandar Seri Begarwan工作，在一家港資的建築公司裡做文員（Clerk）。我那位老闆，當年約61、2歲，聽聞他在中國當過縣官，似乎是白手興家的。他有一個兒子和我年齡差不多，懂英文，在廣州唸過類似工專、土木工程。在南洋做生意經常要和當地官員和本地馬拉人打交道，要懂英文，所以他待兒子有點學歷便把生意交給兒子。那公司由太子爺打理後生意越做越大，後來更因為有另一個南洋商人參與投資，要向那商人交代帳目，所以找一個文員幫手，主要處理帳簿，那人就是我了。公司過往是不用這樣嚴謹處理帳目的。其實即使那商人不要求查看，正常也需要把帳目梳理出來。老闆給我一個比現在的公事包還大的皮唉，內裡載有所有的單據記錄，要我把帳目整理出來，沒有給我限期，我便照著來做。

大老闆為人十分緊張，每天都會到公司巡視，順道在市場買魚回家做飯，出入都由司機接送，每天如是。我那時剛入職，他看見我在前臺便問我：你令尊多大了？我說快50。他說什麼叫快50，要不就是50，要不就是49。我說他還有幾天便50了。我當時

的確每天在倒數父親50歲的生日，老闆聽了也無言以對，所以我對那年份印象深刻。老闆從此知道這個小子對父親也很記掛，對數字也很敏感。幸好這個老闆不忌才，不怕失敗（廣東話：衰得起），後來還教了我很多東西。就是學習他不忌才，不怕失敗這兩個優點，也令我得益不少。

我第一次到汶萊是坐船的，後來才有飛機。先從香港到Labuan（那是一個在汶萊北面的英國殖民地），再由Labuan坐小型飛機或船到汶萊。我曾在Labuan碼頭過夜，當年一個星期才有一班船由Labuan到汶萊，其實那船是國王的遊艇，船的前半身是他的私人空間，後面的甲板便用來載普通百姓。在Labuan市內有十多間商舖，都是兩層樓的，當時來說已十分了不起。那間旅館樓下是餐館，樓上是客房，近露臺那邊給女客，另一邊是男客入住，另外還有一兩間房和一個大廳，普通男客像我們都不會過去。我下了船，未懂找旅館，但吃餐是公司包餐的，所以我第一晚是在碼頭吃和睡，用竹蓆當被鋪。後來懂得入住旅館，報上了公司名字便可以吃餐。那飯菜中一定有豆腐、有雞，有雞代表豐富，吃過豆腐表示你適合這邊的水土，另外還有兩片薄的鮑魚。我在那裡住了一兩天，那旅館的後面有個竹棚，是一所中文學校，叫「中華學校」。那些學生一到小息時間，便在椅下拿些糯米糍出來兜售給同學，相信都是自家做出來賣的，用如此方法賺外快，真的無奇不有。

從1956-1969年間，我在南洋合共工作了6、7年，期間在多家公司工作過。我和第一間建築公司的合同為一年，中途不像現在可以回家，而是要完成起碼至少一年合同才能離開，頗為艱

難。但我不是長期留在汶萊的，我四海為家，合同滿了又未有工作期間，我會回香港找工作，又同時在汶萊找，哪裡有工作便到哪裡。因為以往有不少工人越洋工作被賣豬仔，所以凡是往外地工作，公司會有一套頗為嚴謹的聘用方法。代表海外僱主的公司會和我們簽約，除了標準約則，說明薪水、工作地點、工作性質外，也寫明僱主要以什麼價錢賣米給我們，因為我們中國人要吃飯，所以僱主必須保障有米供應，並以合理價錢賣給僱員。

我在香港和汶萊之間共來回走了三趟。第一次過去，做的職位叫做clerk，會清楚寫在工作簽證上；第二次過去不能再用clerk的名稱，因當地已有大量有做clerk資歷的人。汶萊當時整個國家包括外勞只有五萬多人，是英國的保護國，沿用英國制度。汶萊出產石油，給英國人買去，聽說一加侖價錢是十仙，雖然聽起來很便宜，但對汶萊已是很大的收入。政府於是發展學校，同時那邊福利很好，導致本地人不太上進。但如果你有心，國家會資助你出國，從而有各種發展機會，於是培訓了本地不少clerk。第二份的工作便要做科文（foreman），屬中級技術工程人員。為何可以當上科文？我在建築公司當clerk的時候，我很好學，學看圖則，有空便到地盤觀察人家工作，又向地盤的墨斗王請教了不少知識。反而我沒有正式跟那科文，因他認為他的知識是用錢去換取的，不會免費向外人傳授。我那時和墨斗王關係較好，他叫翁基。墨斗王的工作是負責畫線，讓工人施工。例如把門的位置畫出，或把挖掘到哪個深度標好。他們不算是正式的測量師，較為小型，不需要用到太多儀器。我從他那裡學到些技術，所以可以當上科文。我跟他學看建築圖則的同時，他也跟我學開車，大家

互為師徒。當時工地也常常有這種情況，本來泥水和木工是兩個團隊，但木工會過去泥水那邊做小工，幫忙搬磚塊、搓灰之類，相反亦如是，互相學習。我在那邊不怕低威，盡力去學。我在做科文的期間，學了些測量的技術，回到香港買些書自己去鑽研，我還會到澳門的八角亭，那曾是中華總商會的圖書室，在二樓有提供借書服務，但必須是中華總商會的會員才有借書證，我父親有個朋友剛好是商會理事，替我拿到借書證，我借了其中一本測量學ABC，打開了學習測量學的門，認識到原來不用爬上樹便可以知道那樹有多高，不用落水便能量度河的闊度，發現對這方面有興趣，覺得很適合自己，由興趣變成職業，結果就這樣無師自通，也叫做有些成就，這是我頗為自傲的。而且能手揮目送、遊刃有餘，行內附近都知道。職業來說是相當合適的一份。

我在汶萊做完了一個合約，要回港了，但消息傳了開去，便有一個當地的舊僱主主動給我工作。我其實沒有他們所要的工作技能，他找我負責巡工，我說我以什麼標準去監督？他說用你自己的標準，你說合格便合格。我當時在其他地盤，真的會拿著木條去量度，標準不算高，但也要合乎最低要求。我想你對我可以如此信任，識英雄重英雄，我便答應了。那是在一個偏遠的小埠裡工作，從大埠開車要兩小時，人工當然不錯，但老闆說伙食、住宿要自己負責安排。我堅持要他們給我找地方住，因為如果我被業主趕走，到時無地容身，便要自己掏腰包住旅館，但如果是僱主給我租住，我有什麼情況被迫遷，也是僱主負責後果。我不能冒這無家可歸的風險，所以我十分堅持要他們負責住宿。僱主最後答應蓋一間房子給我，在地盤旁蓋了一間小房子，辦公室和

我的住家兩用。說句笑話，其實當時四面都有危險，有鬼、有女色狼、有賊、有蚊。

我在汶萊工作時，那邊有幾間工程公司，有幾個工程的科文團隊，我們這些工人不管上層管理互相競爭，我們私下間關係都很好，會一同去飲啤酒。熟絡後當我放假時，別人那天要上班，我會到人家的地盤問准人家去巡地盤，又看人家的圖則，增加見識，又和人家傾談。我有時甚至偷閒出來做這些事。但我不會只單方面去拿取知識，也會有來有往，互相交流，教學相長。但如果讓上級發現，便會不高興，覺得我在阻礙工作。我見到領導過來便裝沒事，說兩句客套話便離開。此外，工程上也需要訂物料，例如鐵，當時必定是從新加坡過來的。也有些如油漆，便要到洋行去訂，好像我父親以往做南北行的情況。那些夥記來我們公司接洽賣貨，我們在街上碰見他們，那時其實生意是老闆去管，我們沒有決策權，但我會約這些「行街」去飲咖啡，他們怕被老闆見到，我說如果你老闆看見，便說是我找你談公事，如果是我老闆過來，就是你來找我兜售新貨，我要應酬你，總之借別人過橋。這招也是防下屬這樣做，正如當警員要知道那些罪犯的手法，罪犯也要知道警員查案的模式。

我最後在汶萊的工作是Assistant of Clerk。後來又做了監工的助手，但並沒有正式牌照。那正式監工（Clerk of Work）是喏喀兵，是軍部派了他到英國受訓，由軍部派來負責接送他的司機也要在他上下車時向他行軍禮，因雙方都是軍部的人。我便當他的助手。那地盤很大，有1000米寬，1500米長，建了幾十間大樓，分兩部分，一部分是建築學院，一部分是英文學校，每個校

舍再分為本部及宿舍。我在那裡學了很多工程的知識。回到香港我開始時做一個很小的地盤，建築費不夠汶萊的地盤的1%，是在徙置區裡，在兩棟七層大廈之間的空地建一個市集、排擋之類設施，但麻雀雖小，五臟俱全，有下水道有來水來電。

我這份監工助手工作十分消耗體能，因我太勤力，地盤很大，1000米乘1500米，而且有四個承建商，所以要去四處，有些工作必定要做，包括「睇鐵」，即在落石屎前他們要弄好那鐵的架構，我要拿著圖則去對照，認為符合規格我便簽名，讓他們落石屎。因落了石屎便再看不到那架構，所以如做得不好，人家可以馬上修改，我不想人家做好後要全拆去再做，所以我巡得很頻密，要走很多路，很累，下班回到宿舍便會先躺在床上，把雙腿舉高，垂直朝天擱在牆上，讓血液倒流，消除疲勞，這樣休息一會才去洗澡吃飯。

在埠仔監工，去「睇鐵」是一個經常要做的工作。我們負責判斷合不合格，我們權力很大，我們一來到地盤，便有雜工拿著圖則（有些甚至裱起來，因那裡大風）跟著我走，準備我有需要時查看，但我不用看他們的圖則，我看到有問題的時候，他們馬上用圖則去對，又果然見有問題。人家以為我很了不起，其實我是「臨急抱佛腳」的，因他們通常會早半天通知我，約我什麼時候過去「睇鐵」，我便趁那時間努力看圖則，把它背熟。有一次甚至要勞動則樓馬上改則。那次圖則上畫了有一個洞，通上天臺，但鐵則沒有開洞，是密封的，我馬上打電話到則樓，那時那正式的監工在放假，我唯有要做通天二手，代他處理。那則樓有一個土生的華人助理則師，會說廣東話，在澳洲讀建築，我便找

那助理則師說，其他人我與他們根本語言不通。他馬上去問負責的則師，那則師告訴他如何處理，那人又轉告給我們，原來是有解決辦法的，就是用板圍著那開洞的地方，把那些鐵剪掉，再用其他規格重新去把架構紮好。我其實不懂箇中的運算，則師說怎樣做便怎樣做，又補救到了。工作上要連出現了問題也都要懂得發覺，即使不是你的責任也要去處理。

我工作認真，也會常常提意見。我們要巡工，那些建築工程師又會來巡我們。我們當時要建一棟學生宿舍，裡面有些衛生間，整間是男廁，整間是女廁，我每天便逐格廁所去使用（辦大事），同時查看有沒有做得不好的地方。有一次那位則樓主管Butcher在衛生間碰到我，問我是不是來巡，我說每一天試一個看看它通不通。另外有一次和一群監工開定期會議，那工程是建造一所學校，其中要做一間給女生的廁所。那裡有一些設備是用來把衛生巾燒掉的，安裝在牆上，用電把衛生巾燒成灰，但我們看到時還未通電。關於建築我有三行是不熟的，就是油漆、水喉和電，我們連監督的機會也沒有，因他們是包料的，意思是工程到某一階段他們便過來做些鋪電管工程，鋪好了之後我們又去倒石屎，然後他們來放電線等，全是他們負責。另外油漆是如何開、如何調色我們完全不懂。開會時我們研究每個廁盆用4吋喉駁4吋瓦筒，駁到小沙井，再連到大沙井，我說男廁沒問題，但女廁我建議改為6吋，因為要增加成本，他們問我原因，我說女生有可能把衛生巾掉進廁所，他們說我們有設備讓她們燒，我說她們只是女學生，不一定乖乖地用，那麼要塞頭一段已經塞，我說頭一段從小沙井要通也容易些通，一過了小沙井便很長距離才

到大沙井，那時便很難處理，他們便聽從我意見，改了，我就是會想這些細微的地方。

去開始一個新地盤，如果那是草地，便要人手把草斬掉，但這樣很花功夫，那時又未有推土機，我們便會開條火路，鏟了一條路然後放火燒。人家是上風燒下風，我是下風燒上風，讓他慢慢燒，安全為上。另外每一個地盤做剩的廢料，如石屎板，也會燒掉，人家幾塊幾塊地掉進火堆去，那人站在火旁一整天也未燒完，我卻搭起一個通風的架，一點了火也不用看守，便會自行燒完。

在汶萊和在香港政府的工作時候是有貪污機會的，但其實不算是貪污，因拿到的錢也不是歸我的。那時我週日去當櫃面負責發身份證，當時身份證是紙做的，其實發了證工作便完成，但那些職員會額外遊說市民買個膠套作保護，從中謀些利益。你不買沒問題，我們照樣發證，但一般人都願意買，就是有這些小刮削。另外我在汶萊一個較大的埠——馬拉奕工作時試過同時看四個承建商，有些是香港來，有些是台灣來。我不是正的監督，但我作為副的，也有機會從中獲利。例如睇鐵，如果少了一條我也不敢讓他們過關，因房子倒了後果很嚴重。但如果偏差了一點，六吋變了五吋半，其實不會影響安全，但我也有權要你改正。有些承建商便會或明或暗給些錢我們，希望我們不作這些要求，但我不會接納的。我記得一次有個台灣承建商在我晚上下班後到我的房間，說什麼大家都是中國人，出洋過海工作，過得去便算，希望我網開一面。我說你跟著我的指示做便過得去，我也是承建商出身，我知沒有百分百的精準，但你也要有九成的規格，你只

有八成我不能收貨，不能向上頭交代。他當時不知道我有沒有錄音，但我那時已有磁帶錄音機，因我捨得花錢買這些工具，用來錄音給父親告訴近況。這個台灣承建商說了一大堆，我說我們是沒事的，因為我沒有錄音，我揭起蓋著錄音機的防塵布，我說如果我錄了你音你還在想收買我，你便有麻煩。他此後沒有再來找我了，所以我是不賣帳的。但不受賄之餘，我仍無奈地吃了黑。我當時工作要吃早餐，從那地盤到市內吃十分遙遠，有六、七公里，我便在那四個承建商的小食部吃。那些小食部是承建商供他們各自員工吃飯的地方，有可能那些小食部是建築公司的老闆或科文家屬經營，甚至是建築公司外判的生意，我全不管也不去查。客人去了光顧他們不是每次結帳，而是記帳的，到月尾才結帳一次。到月尾結帳時，他們說，我們老闆已代你結了，我說我要找你們老闆說話，他們說便當請你喝茶，不算什麼貪污。這真沒法，我只能讓步，結果我四間小食部都平均地去光顧，不偏重某一個承建商。他們知道我也頗有原則的，雖沒有受過什麼正式工程訓練，讀過什麼守則，但人家也會很看得起我，工程師說你說可以過便可以過，對我十分信任。

　　總括來說我20多至40歲之間在汶萊與香港兩邊工作，在汶萊工作的時間大約六、七年。到了1969年，我父親病重，我辭職回香港。我很記得，那時父親說擔心我未做過生意，怕被人欺騙，我回他說不用擔心這麼多，我也快40歲了。

　　回到香港後我有工作便做，包括在賣門的公司門市部工作過。那年的某一天剛好是人類踏足月球，還記得我在公司一個七吋或九吋的電視機前看直播。香港有些公司專門做門，有不同尺

寸款式，供應給建築公司或裝修工程公司。我要把門托上貨車，頗為吃力。另外我也試過從測量界當回墨斗。

　　40多歲後我在印尼泗水一間搪瓷廠工作了一年，回到香港時已差不多50。搪瓷廠老闆是上海人，在印尼投資了搪瓷廠。當時是我在香港的三弟（思豪）介紹我給這個老闆認識的（也就是這位老闆找我三弟和其他舊同事到非洲開紗廠，一直在那邊工作長達廿多年），說可以派我過埠，因我不怕過埠。我父親也是過埠的，很多父母怕孩子過埠後被騙、學壞，但我父親並沒有這個擔心，因他自己也是過埠工作的。那搪瓷廠老闆請了很多鄉里過來工作，技術人員都是從香港過去的外勞，但行政人員如廠長就是本地人，負責與當地政府打交道，申請牌照等事務。實際上廠長有兩人，一個是華人，有實權，另一個主要為政府事務作門面功夫。那搪瓷廠連秘書、廠長辦公室也有兩套，我是歸華人廠長那邊，要監察員工。我封自己作通天二手。那廠內有很多生產部門，每部門各有一個主管，全是香港派過去的。當主管要放假回鄉時，便由馬拉人暫時代替，始終他們才有技術知識。但馬拉人要有華人監察，我便負責這個任務。我當通天二手時平日會每個部門都巡看一下，發現有可以改善的地方我卻不會提出，因為我如果不是當權，人家一直這麼多年也這樣做，我提出改革，等於不給人家的主管面子，人家會不好意思，很難去叫人家改。但當我做代理廠長時，我便會提出我的意見，例如噴花工場女工坐的木板。我看見那些女工一人一格，約三呎寬，中間有木板間開，女工便坐在那裡噴花，但是她們坐的只是一塊普通木板，下面由兩條橫木承住，女工一站起來或有大動作，木板便跌在地上，我

拿起塊木板看了看，叫修理工人拿些釘來，又拿鎚仔，在木板上釘了四口釘，木板放在橫木上便不會移位，我示範了一次後叫小工來完成其餘的坐板。我常常有這些小小的改良。全廠的人也知道我的這些事。

我每到一個部門都是邊學邊做，瞭解一下如何運作。我頗為好學，當我知道哪一個部門的主管將要放假，我便預先到那個部門瞭解，主動向那部門主管查問，所以到了後來差不多每個部門都略懂一二，令人以為我是做搪瓷出身的。我十分肯學，如學車，師傅會以為我曾經學過開車；又如建築，在汶萊時，那邊有多個地盤，多個承建商，各人互相認識。別人放假去遊玩，我有空便到別的地盤學習，向熟悉的科文請教。又例如測量，會去買書吸收一些未有機會實際用得著的知識，例如隧道測量。那時根本沒有隧道供我去實習，但我仍然會去翻書研究。我很鼓勵別人學習，因吸收下來的知識，你不知道什麼時候用得上。例如在多倫多這邊雪地開車，那種情況和技術，有如在南洋大雨後的爛泥路一樣。其實很多東西我都是自學的。我們在地盤有幾個管工，其中一個最高級，人工最高。我只是墨斗王之王，即是一班墨斗王的領導。因我工作不需要測量儀器，沒有經緯儀、平水儀，這兩個都是最基本的。公司亦只有一個平水儀，沒有經緯儀。那高級的管工就負責所有測量工作，其他開雜功夫由我去做。一天老闆向他說也可以讓我試試做平水，叫他培訓培訓我，他沒有選擇，但他每次帶我去學習便會使開我，例如建軍營，那地盤很大，一頭一尾要開車，那是一個小山坡，我們一上到去，他便叫我下去拿什麼圖則，我便開車下去拿，回來時他什麼都已放置

好，開始了工作，其實如何去擺放器材是十分重要的，但我沒有機會參與。又有一次他給人家叫了過去，剩下了我和一個低級些的馬拉木工，他負責帶著平水尺讓人量度，我用看書學回來的知識把儀器放好，調校位置。那本書是我以前工作時，向老闆借來看的書（那位老闆就是當年問我父親幾歲的同一人），那書是清朝出版，十分古舊，但原理是一樣的，而且當時50年代儀器不是太先進，所以還可以應付。我調校好，我問那馬拉木工，那管工會在哪裡去看，他指指那邊，我便到那邊照望照做，但我不知道起點是多少，我只寫下我看到的讀數，到那高級的管工回來，我說你離開了我幫你擺放好。他走時連裝儀器的盒子也未拿出來，其實如何從盒中拿儀器出來都是一個技術，要很小心謹慎，否則弄壞器材。我說我替你看了後視（backsight）（又拋些術語），但不知起點的數據是多少，你檢查一下吧。他果然去檢查，因這是需要的，不能信別人，又或者別人沒有存心欺騙，但也會有誤差。此事以後每次到山上他便叫我去負責所有工作，吩咐完畢後便離開，過些時間又回來把我接走，那我便這樣學了平水儀。至於經緯儀我是在高佬楊（後來成為我的大舅）處學的，因他在工務局工作，有一次帶了經緯儀回家，好讓第二天出外工作去用，我便趁這機會使勁去學，他又肯教我，我又肯學。順帶一提，那個問我父親年紀的老闆其實不太懂測量，可能只懂看平水儀。他那本書有提到平板儀，平板儀是很原始粗糙，但也是頗有用的測量工具，由日本人發明。因日本人窮，便發明了平板儀，在全國應用，以致他們的鄉村地方的測量也頗準確，比什麼也沒有，靠猜度，或用普通尺度更好更快。我也學了這個工具，但現在已不

能找到，連博物館也沒有收藏。在博物館我只見過很古老的經緯儀。

我因為有當二手的經驗，回港領導測量組的時候，每個職位我都設了一個二手。這個安排引起那正式位置的人不安，覺得有威脅。我向他們說，你也可以當二手，當你上級的二手，大家都高級了，便可以加薪。那麼到了我何sir的位置又如何？不怕，你可以到隔鄰的組去，有新地盤開，你可以過去當正測量主管了。

三、南洋

　　在汶萊工作時住的是宿舍，用葵葉搭的，像竹棚那類的建築。當地人叫他們的建築生產的臨時地方做「工廠」，實際上不是一般的工業大樓，座落一個固定的地方，製成品完成後會離開工廠。建築業則是製成品留在原地，當建造好一個房舍後，「工廠」便會搬走。那裡是熱帶天氣，十分酷熱，每天都下雨，然後又會放晴，陽光很猛烈，但在樹蔭下就很涼快。那邊氣候雖沒有四季，但也分乾濕兩季。乾季也是下雨的，只是下得少一點。那裡的蚊子又多又大，張開六隻足，有兩吋左右，是草蚊，不咬人。我試過拍死一隻，將牠撐開貼在信紙上寄回香港給我父親看，讓他給人家見識一下，嚇嚇他們。那邊也會有咬人的蚊，有些人會把火水燈放在蚊帳內，見到蚊便用那發熱的燈罩把蚊燒死。其實這樣做十分危險，要很高的技術，我不敢做。

　　另外有一個關於簷蛇的故事。我有個第八的堂妹叫何愛貞，她長居英國，有次回港刻意和夫婿經過汶萊來探朋友。那時我下班後晚飯是自己負責的，下班後我們一夥人便到一家酒家吃晚飯。我見到有人走到櫃面詢問，我奇怪誰會來問，因一般相熟的客人都不用問什麼。我見到那人很眼熟，便過去問她是否何愛貞，這樣便相認了。其實大家已多年沒見了，她說他們這次來是探朋友，相約了明天到皇陵參觀，邀我也同去。我馬上請假去，

見識一下，因平常人申請也很難有這個機會。還記得要坐很長很窄的快艇經水路過去。當日在酒樓我們談起，我問他們什麼時候到，原來他們那天剛到，我警告他們，晚上在蚊帳上可能有怪聲，是簷蛇來的，不但會叫，也很大條，有八、九吋長，但不會咬人，只是吃蚊而已。第二天見到他們，他們說果然聽到有聲音，我說你們不用怕，他們說因我一早警告，他們便不怕。我說如不早告訴你們，可不知會發生什麼事，或會惹來驚恐。

那邊常見的水果是榴槤。我起初不愛吃，後來卻愛上了。第一年到那邊工作，人家給我吃，我覺得氣味難聞。到第二造的榴槤出現時，我剛好傷風鼻塞，吃的時候聞不到那氣味，只覺得頗甜，到後來傷風好了，竟也不再拒絕那氣味。此外也有山竹，和榴槤剛好一熱一涼，互相平衡。

我們在汶萊的公司請了一個中國的廚師，是本地華僑，可能是那邊的第二、三代華僑，又或者是放船來的，即本身是行船當水手的，上了岸，船開了人卻留在當地。我們員工大約幾十人，那廚師本身有家人在另一個埠，他也屬於過埠來工作，過年便要回家。過年那幾天我們也休息，我們吃飯便沒有著落，於是唯有到馬拉人開的麵店吃馬拉麵，因為馬拉人不會因為慶祝農曆新年而休息的。

在印尼我們曾經叫工人買些香蕉回來，他竟買了一整棟蕉，是整棵蕉樹的一枝，上面長滿香蕉，原來那邊在街市買香蕉是這樣買的。那時經理太太是上海人，工人是馬拉人。老闆娘有一次放了一碟牛肉在雪櫃，到吃飯時工人問老闆娘那碟牛肉吃不吃的，老闆娘說吃的，結果放到桌上牛肉是生的。原來那工人以為

我們吃生牛肉。另外在印尼泗水吃雲吞麵，是有餸的，像吃錦鹵雲吞，旁邊會放一些餸。有次和人家吃雲吞麵，碗上放了很多餸，這是他們的特色。

那時的郵遞也跟現在不同，信封不用寫地址，只寫國家「Burnei」，城市「Burnei Town」，再寫我的名字我便收到信。我父親不信，我叫他儘管寄一次郵簡來，然後我再將郵簡寄回給他。人家以為我在那邊是名人，其實這封信是沒人收的信。因那邊沒有上門派信的服務，寫地址是沒用的，於是一些商戶便設立了郵箱，例如我們在某茶室出入多，我便跟老闆說，把我的信寄到他那邊。他們收到信，如果不屬於他們的，便會把信插在牆上的信架裡，每封信都這樣展示出來，你便自己到那裡去找你的信。當時很多商戶都有這個服務。如果是建築公司，便寫上是寄給某某建築公司。但如果連公司名也沒有的「無主孤魂」，他們會另外放在一個盒內。我當時在公司是負責收信的，我每次取信必會到那盒子找一找有沒有漏網之魚，恐防有人用中文寫公司的名字，當地人看不懂。寄給我的信我便在那裡找到出來，而且速度和普通信件一般快，所以給了人家一個假象，以為我在那邊是名人。

南洋的醫療衛生方面還算好，沒有什麼特別傳染病如瘧疾之類。但如果有員工生病，我是負責打英文信給診所的。因我懂打字，能認得英文字母共52個（大小楷各26個），打時逐個字母打。以往是由老闆負責的，後來由我負責。如果有員工病了，有一封標準的信要發，我只是照抄，內容是某某是我們公司員工，現在來看診，診金會由公司支付。和醫生溝通會用馬拉話。我們

員工一般也懂得簡單的馬拉話，如普通生病發燒、肚瀉之類，溝通沒問題，如有需要，或者會有說華語的護士、雜工來幫忙翻譯。當時蘇丹國王讓女兒去學護士，屬相當前衛。因當時社會風氣保守，男女授受不親，亦覺得女性去服侍陌生男子是拋頭露面；男子讓陌生女子有身體接觸──洗面、洗澡等也不能接受。蘇丹國王在英國留學，思想開通，說服了女兒去當護士，變成連公主也是護士，推廣了女性也開始接受當護士這個行業。

汶萊和印尼是回教國家，不吃豬肉，也不能見到或摸到豬肉。豬肉固然不能進口，但如果真要帶豬肉製品如臘肉、火腿入境，他們可以讓你將它密封，在外面寫明是豬肉製品，並要報關，然後找一個非伊斯蘭教徒的關員，可能是西人、印度人或華人，拿到另一個房間檢驗。汶萊比印尼在這方面較嚴格，因汶萊有國王在管制。話雖如此，在汶萊亦可以買到豬肉。店舖設在河邊，十分僻靜。店舖的一半伸到河上，一半在路邊。豬是當地華人養的，屠宰了後便用小艇運到店舖，賣的時候要密封包裝才能帶出店舖。每天早上十一時左右便要賣光，未賣的也要丟掉，因那邊天氣炎熱，豬肉很快會腐壞。在印尼，那裡的街市會特設一個小店賣豬肉。其他排檔的門面是面向街市通道的，那豬肉檔則是面向隔籬的小巷，走一般街市通道不能到達。買了豬肉用紙包著便可以拿走，比較寬鬆。另外在汶萊也不可以賣酒，但一些西人要買的話，可以在一些隱蔽的專門店買。在印尼，酒卻可以放在飾櫃，只是不能賣給馬拉人。我自己在印尼時就常會買酒。

在汶萊似乎看不到活生生的豬，但在印尼你可以到動物園見到活豬，公眾可以去看。我們工作還是可以吃到豬肉的，由老

闆娘去市場買，廚子負責煮，都是華人。我也自己在家弄過豬肉湯，那時聽人家教，是把豬肉放在碗裡，碗內不加水，然後把碗放在加了水的鑊中，用猛火焗，然後碗中的蒸氣變成肉湯，味道頗不錯，豬肉也很好吃。但這種煮法比較浪費柴火，只玩了一次便沒有再試。

　　我有一個關於豬肉在南洋的故事。我們在汶萊曾經建造軍營，供給從英國派來負責訓練本地士兵的退伍軍人居住。那些軍官會舉家搬到軍營來，孩子可以上裡面的英語學校。那時我們興建的軍營還未完成，有一次在他們的軍營中有些地方要修葺，我帶了兩個馬拉工人到那裡維修，我負責監工、交涉，也負責那兩個工人的保安，監視他們不順手牽羊。那英國太太和兩個小孩一早識趣地避開，不在場妨礙工作。我們在那裡修葺，期間還見到幾顆子彈放在廳中，我叫那兩個工人不要亂碰。到了軍官回來，他從雪櫃中拿了一塊火腿出來，可能當時他想拿其他東西，火腿剛好阻著。那兩個工人見到火腿馬上背著不看，我請軍官馬上放回火腿，他放回後問我發生什麼事，我說他們不能見到火腿，你把火腿放在那邊，他們便不能正常工作。軍官也明白，沒有說什麼，最後相安無事。這個軍官是比較見過世面的，但不是人人如是。我聽過一個故事，有個英國商人到汶萊做生意，那些馬拉人每天清晨五時便會有人從清真寺的高塔上用擴音器高聲叫人祈禱，那商人到警局投訴人家擾人清夢，結果政府給那商人一個星期期限出境，覺得他不適合在這裡居住。說到祈禱，回教徒每天要祈禱五次，我在印尼工作的搪瓷廠有幾百工人，有男有女，工廠設有一個祈禱室，四壁都是空白的，連任何宗教圖案也沒有，

因伊斯蘭教是沒有偶像的，地上有些草蓆，我相信是法例規定祈禱室是必要的設施。他們祈禱的時候我沒有進內，但間中在外面經過，見到有女工坐在地上聊天，或許她們利用祈禱的時間休息。我不見有男工，我估計可能他們男女有別，男女分開時間來祈禱。

馬拉人也愛跟潮流。我第一次到印尼工作，在機場給介紹了一個同事一起同行，他剛好打開了他的皮喼，我見到他有一件皮褸，我說你用不著，因我在南洋生活過，他說是送給人的，原來本地人喜愛，不怕熱也學潮流。

我在南洋工作時我是略懂基本馬拉話的，我可以半小時不斷用馬拉話罵人，罵馬拉工人懶要炒你之類的話。馬拉話我是在汶萊學的。在汶萊如果和香港人談話會用廣東話；如果另一個本地華人過來我們便用國語，因他學的中文是國語，家裡則是說客家話或潮州話，不懂廣東話；如再加入一個西人便要用英語；如再有一個本地人過來便要齊齊用馬拉話。

馬拉工人一般都看不懂馬拉文，我戲言他們用象形文字。我們有工卡，記錄他們上班的時間，早上拿來給我們雜工簽，下班又簽一次，用來計工資。有時他們發了工資便不上班幾天。那卡上用幾種寫法寫上工人的人名，一個是身份證上的馬拉文，一個是我們中國人用來稱呼他的名字，是中文拼音，但那些馬拉人兩種都看不懂，不知哪一張卡是他們的。我叫他們自己畫一個符號在上面辨別，有人畫了隻雞，有人畫了枝槍，總之是各有各的圖畫，所以我們設計工卡時也要預留位置給他們寫「名」。他們是那邊的土人，沒有正式上過學，基本字母也認不到，過的幾乎是

獵頭族那種部落生活。他們來見工時一般由熟人介紹，有經驗的會高一點工資，沒經驗會少一點。他們有些連馬拉話也不懂，身份證也未必有（那邊自從暴動之後，政府從新發過身份證），根本不知道他是誰，任何溝通都要通過那介紹人，有什麼事由介紹人負責。我見過一個馬拉人背著一個竹籮上工，那是他的行李、被鋪，還有幾隻小狗。我對那工人說在地盤不能養狗，他說那是他的食物，幾天內便會吃光。另外在汶萊地盤，建築公司會真的養狗，做飯時做多一些餵牠們，其中有些會最後煮來吃，但主要是因為地盤有蛇。那時開發地盤都是燒了草地然後去挖，所以還會有蛇出沒，養狗的用處是不管狗咬蛇或蛇咬狗，也不會傷到人。

馬拉人一般都懶，只有少數勤力，可能是當地天氣熱，體力勞動十分辛苦，賺夠便算。而且汶萊政府富有，福利很好，馬拉人免得過便不工作。但也有些很上進，得到政府資助出外留學。我們請的那些工人如果懶我便會解僱他們。他們有一個習慣，就是他們在做你交帶給他們的工作時，如果你想過去示範給他們，他們就馬上停手，不會在旁幫忙。你可以說他們懶，但我也覺得他們是對的，因為不知他們會不會越幫越忙；如果我在示範你來插手，可能變了搞亂。但有些人會認為，為什麼你不來幫忙。

碼頭工人也不遑多讓，我在汶萊碼頭去接收運入來的鐵，首次見識到那邊碼頭工人的工會工作模式。他們嚴謹地跟隨洋人的規矩，一到休息時間便馬上停工，可以讓那些鐵吊在半空，待回來開工時才繼續，我在香港從未見過這種事情。

我在汶萊時的小埠因水淺，沒有大洋輪到那邊碼頭，一切貨

物是從新加坡坐貨船來的。那邊的通訊靠寫信，未有電話，船班是每星期才一次，後來才是一星期兩次。我們看的華文報紙都是從新加坡過來的，都是遲了幾天的報紙。第一次到汶萊是坐船，到了第二次時，汶萊大機場已經建好，能有直航機飛香港，可以一天之內來回。那些民航機十分細小，只可以坐20－30個人。那時我們說，如何要知道你的家人或朋友坐飛機是否平安到達目的地，就是早上去送機，晚上去機場看看飛機有否飛回來，因為來來去去就是這一架飛機飛來飛去。

居住的地方都有水有電，由竹枝架空。因地面太濕，不宜居住，但竹棚下面可以用來休息喝茶，或作為工作間。吃方面是吃飯的，那邊其實也有華人社區，可以買到米、通勝，甚至棺材。我看見在一個華人開設的店內就有一個棺材長期放在那裡。本地人信奉回教，不用棺木。他們會用布包著死者，將屍體垂直放入土中，他們的葬法叫做「種番薯」，所以棺材是為華人而設。說起來我在南洋曾經設計過一個棺材。那時有員工過身，買棺材又太花費，我們工場有很多木板，老闆便給了我一個木工幫手，吩咐我去製作一個棺材出來。我雖然見過棺材，但完全無概念。我唯有問那木工，衣櫃是多闊？答：兩呎。我們的木板是八吋的，於是三塊木板做底，三塊做面。那要多長？我便問木工，床有多長？答：六呎。那多高？八吋有點矮，那十六吋吧。結果那棺材是兩呎闊十六吋高六呎長，把死者放下後原來綽綽有餘，同時放三個人也可以。其實一塊半木板高已足夠，但時間倉卒，已經做起了，便用它把先人抬到山上，掘了一個坑埋了。

我不是工程出身，但工作上共設計過一個棺材和一個辦公

室。那個辦公室是木屋來的，十分紮實，在香港打風也不會倒下。我其實不懂工程學，但當時我大舅在地盤做主管，其下有四個管工，我是其中一個，負責測量，他覺得我最有空，便叫我設計一個地盤辦公室的圖則給他。我便去畫，再由他去過目，反正出了問題是他負責的。我照我以往見過的不同大小的地盤辦公室畫了一幅，包括用什麼木材、多少吋乘多少吋、隔多遠放一條木都寫得清清楚楚，一切都合乎規格。後來打風，我們要用威也鞏固那木屋，那時其他同事本想像紮營一樣用角鐵及大釘打到地上，但我覺得這不足夠，我建議用石屎，把鐵條鞏固在地上。雖然要拆的時候很花功夫，但至少會十分穩固。我在這方面都會想得比較深入和周到的。

在印尼，一到假日我便會找本地人陪我們四處遊玩。有次我和一個本地女傭到動物園，我讓她坐車頭，但老闆認為她要坐車尾，要有階級之別，我則沒有分等級。那時當地華人少，你在外面做什麼很快便會傳遍整個華人圈子。我之所以和那女傭這麼熟絡，是因為別人覺得我很為傭人著想。我們廠人數眾多，聘請了一個廠醫，每星期來兩次。我看廠醫十分容易，不用排隊，有次那女傭咳，我問她有沒有吃藥，她說沒有，我改天去找廠醫，請他開些咳藥水，我拿去給那傭人。人人以為我對工人很好，其實我只是怕她咳的時候把我們吃的飯也污染了，所以其實還是出自私心。在南洋工作我們每年有四天假期，就是年三十和初一至三；也有大假，可以一年回一次香港。但也要視乎合同，有些是合同滿了才能回家。在汶萊那時一星期七天上班，到了印尼我40多歲時才有週末的假期。但我在汶萊時也懂得偷閒，例如去理髮

便去了半天，或去為汽車換油，又趁機會偷閒。那時那些汽車是發展國家報廢的類型，十分古舊，有一波和三波，但二波卻壞了之類，要兩星期換一次油，我會乘機去和朋友喝咖啡，可是也不會離開太久。

我這個人到哪裡都要依附一個女人，沒有家庭也要有一個女人依託。在家會是母親或妹妹，母親過世後，我當四姨是媽媽，另外又會當些年輕一點的女性為女。我在南洋就依附我現時太太的大嫂，我叫她「姐姐」，令人以為她真是我的姐姐，最後更娶了她夫家的妹妹。

我當年坐一艘叫「海明」的船到南洋，這「姐姐」的丈夫（高佬楊）在汶萊工務局工作，頗為高級，她獨自帶著三個孩子和我坐同一艘船，但她坐頭等艙，我則坐大艙。甲板卻人人都可以到，我和她便在甲板相遇，大家攀談起來，互相問問背景。之後在船上的幾天我到她的房探她，那船當時途經亞庇（Kota Kinabalu），她說有親戚在亞庇，也是在工務局工作。姐姐問我上不上岸，順便幫忙照顧孩子。我便跟著去她在亞庇四處吃喝玩樂。到了汶萊後，她說我可以到「義友」找她，那是那邊唯一的唐人餐館，她會經常在那裡出入。我和她一直保持聯繫，曾經她又載我到她家作客。之後我便自己騎單車到她家，是由這樣開始的。他們兩夫婦也頗好賭，經常外出，需要人看守孩子。我和他們熟絡後便幫他們帶孩子，在他們家做保姆（babysit），父親去打牌九，母親去打麻雀。週末我一下班便騎單車到他們家，兩夫婦把十元現金、一架汽車和三個小孩交給我，那十元足夠我帶他們到「義友」吃晚飯、飲汽水或吃雪條，然後我載幾個小孩回家

睡覺。待他們父母回來後我便騎單車回宿舍，如果太晚我亦會在他們家留宿。

有次我babysit，車載著他們三個孩子，八歲的大女坐在司機位旁邊，六歲的兒子和四歲的幼女坐在後面。當時我要折返回屋裡取物件，把車停在車房門前的車道（driveway）。車房是用木建的，我把車停下，便從旁邊入屋拿東西，回來時見汽車的車頭入了車房，即是已走了兩個車位，我不明白那車如何可以開動，那時不流行把手掣，流行入波，但沒有自動波的P波，我於是入了一檔。我問誰弄過那車，大女說弟弟開鎖匙，我又問車為什麼會停，她說馬上關掉鎖匙便停了。從此我必定拿掉鎖匙才離開，入波原來也不夠保險。

我在印尼進過醫院，那時在生殖器上長了些椰菜花，學名是疣（wart），是一種潛伏在體內的病毒。那時的確有在外尋花問柳的嫌疑，因那邊環境和我們外派員的性質，會引人思疑；但也有些人明白這病毒未必是到風月場所才會感染到。我估計是因為我們的內衣褲是和其他夥記的內衣褲混在一起洗，以致傳了給我。當時共有三個外派員在那裡工作，我們思疑是某一個和我差不多年紀的同事最先感染的。我比較有自制力，但一些人一年才回香港一個月見太太，會按捺不住。那人和太太有很嚴重的爭執，他一收到香港寄來的信便馬上撕爛，不知是哪方有婚外情，我不清楚，我們不敢過問。後來問到坐他對面做會計的本地僑生女同事，她說他和太太不和，所以一來信便全撕掉，回香港也不回家。在這情況下只能思疑是他。當時洗衣是由一個馬拉女工負責，她是不會把她們自己的衣物混在一起去洗的。洗好後是晾曬

的，所以已能殺菌，亦會燙衣服，但不知何故就發生到我身上。我唯有去看廠醫，他是印度人，在英國受訓，和廠有協約每週來廠看一天診。他看了也明白病因不一定是拈花惹草的後果。他說替我割掉它，不用住院，但要訂手術室和護士，做手術的時候會噴些麻痺劑。我說他們真了不起，是護士了不起，做手術時他們在做什麼其實我根本不知道，也看不到，但那護士可以一直和我聊天。

印尼的習俗是你給人東西可以用雙手，或用右手，但不能用左手，因左手是用來清理大便的。吃飯也是用右手，而且也頗有技巧，我們不習慣會覺得困難。問題是第一代移民到那邊不懂這技術，衛生紙又昂貴，那第二代是由誰教呢？通常這些個人衛生是母親去教的，但如果母親是第一代移民的話，便有兩個途徑，一個要花錢一個不用花錢。用錢的途徑是請一個工人，由工人來照顧小孩，由她去教。另外如果是第一代移民的男士，一個辦法是找一個妓女，由她指導，因做這事要脫褲子。有些人真的找妓女學。不用錢的是住醫院，入了院有需要便由護士教，你不好意思便由男護士教。話說那個坐在和太太鬧翻的同事對面的會計僑生女，後來嫁了給太子爺，當了老闆娘。他們有孩子後，我問他們孩子如何清理大便的問題，他們說會先用廁紙，這是父親的文化；再用水，這是母親的習俗，只用廁紙覺得不夠乾淨。

說到這個僑生女和太子爺的關係，其實他們二人拍拖時也和我有關。那時我有車牌，是用錢買的，因在印尼不給錢沒辦法考到。那太子爺在加拿大畢業，他父親是公司股東之一，便派他去印尼廠房學習，監視一下生意。那太子爺也頗上進有為，他唸

的是森林學，我問他這門課有什麼用，他說在加拿大是很有需要的。那時全廠只有經理有車有司機，如果經理週末去了度假，司機便用車送他去度假，週一才再用車接回家，那中間時間司機便可以休息。僑生女和太子爺想開車去拍拖，與司機談妥，由他帶他們去遊玩，當補水給司機。男的無所謂，但女的介意，因女的是本地人，司機也是本地人，她怕有閒言閒語傳開去。於是便找我當司機，覺得我是從城市過來，即使我見到他們二人有什麼舉動我也會見怪不怪，我更不會四處張揚，但其實他們也很守規矩。他們每個星期都找我做司機，我便因此跟著他們吃喝玩樂，直到男的考到車牌。有一次另一個股東，那太子爺的世伯來巡視業務，問我某某（太子爺）拍拖，會不會開車出去。他可能知，但他故意去問。我說他沒車牌不能開車。他又問那他們如何出外？我便直說。他又問某某有沒有試過無牌開車，我說沒有，有我在他不用無牌開車。他又再問我某某來了是不是做了些改革，我說是；他問某某做得好不好，我說好，他又問某某有沒有濫權，我說沒有；又問我（可能是故意）覺得是他靠本身才幹還是因為他是某某的兒子，我的急才又來了，我答兩者都要。我說我有他的才幹也不能做到，但同時即使他是×生的兒子，笨拙一點也沒有今天的成就。

我們一群外派的員工，除了那個太子爺和做會計的員工開花結果之外，最後在那邊成家立室的似乎沒有，但沒有正式結婚的感情關係則不少。其實那邊這種機會很多，我也遇上過。我真是一到那邊已給嚇怕，那時我只是到了Labuan第二天，汶萊也未到，有一個女孩可能十歲還未夠，是旅館老闆的女兒，她叫我不

要走，說她長大後嫁給我。我不知是不是每個女孩對每個旅客都是這麼說，我也不知她是什麼原因，我只說讓你長大後再說吧，也沒有馬上推卻她。

那些本地女性不要什麼名份，她們最希望你給她們一筆錢，讓她們做些小生意，用來養大你跟她生的子女，甚至照顧她娘家那邊的兄弟姊妹，我一概不肯。實際上我不怕對不起那女的，因大家是成年人，是你情我願的交易，我是怕我的下一代沒有我親自的教養，男盜女娼，全變壞了。因過幾年合約完了你必要回家，不可能陪他們長大，這樣我覺得是對不起下一代。我有一套拒絕僑生女的辦法，向人家表示無意在這邊結交異性伴侶。我到了別人的家，見到人家有適婚年齡而未嫁的少女，也不管人家的女孩有沒有意思，也會有標準的對白：第一是問你們孩子上學要送上學嗎？然後不管對方回答什麼，我便說我們家不可以呢！我太太除了送還要接，否則怕孩子丟失；意思是間接告訴人家你有家室有孩子；還有有潛台詞，意思是不止我有妻兒，我還很想念他們。雖然我自己拒絕人家，但我也見過有美滿結局的故事。一個房東的女兒，送了個水壺給一個年青有為的租客，租客把那水壺放在車上方便喝水，房東女兒每天為他把水壺入滿水，最後就這樣開花結果。

我卻另外有一個關於一個親戚給人下了降頭的真人真事。他在南洋搭上了一個女人，後來想分手。他二話不說，也沒執行李，只和老闆說好，從老闆那裡拿回護照便離開了。回到香港他頭髮全脫光，又患起病來，看公立醫院醫生，整個香港政府醫療團隊都無計可施。我覺得那女的可能一直有下降頭。我個人認為

降頭其實是一種慢性毒藥，一直服用解藥便沒事。女的平日已和我親戚說好，你如果要走要告訴我，告訴我你走多久，她其實已給了警號。最後我親戚一回到南洋便沒病，我見到他如常上班，所以真的挺可怕的。

四、工作（下）

我從印尼回來後就一直在香港做測量，期間曾被派到澳門工作。其中在「太元」工作了不少時間，做過的地盤包括屯門碼頭、沙田馬場火車站、香港仔、灣仔等。當時有工作便叫我回去幫忙。都是因為工作太多不能應付，需要增加人手，但老闆擔心請回來的人是否能幹，這個便要信任介紹人；但也擔心過了試用期，不用再增加人手，要遣散時要付一大筆遣散費。我舊夥記於是推薦我，更向老闆說不用擔心，如要留我當長工我也未必願意。我也表明，我不出外勤，只負責把在外面測量回來的數據在辦公室計算。我舊夥記說我一向都是這樣，十分可靠，工程完結後叫老闆可以請我喝餐茶，好來好去。這種散工也做過兩份，太元做的是大工程，雖然要上山下山，但都是同一個地盤，工程完畢便要等下一個工程才再有工作。我替太元完成了一個工程，未有新的工作，才進霖鑫。霖鑫的老闆是潮州人，我做的是測量，因為都是小工程，我要開吉普車載著夥記跑幾個地盤，也曾經為行家半途停工的工作執手尾，比由頭做起更考功夫，我覺得這方面本領還不錯，主要是肯學，也會變通。

之後便開始時移世易，當權者換人，我被辭退。那是80年代，子女已出身，可以供養我，我便退下來了。我那時約55歲，還記得我說真的如政府當時說55歲退休，然後92年移民加拿大。

我工作上被人叫「老爺」也很多次。起初在「太元」做，那裡測量的團隊很大，超過十多人，我被下屬稱為「老爺」，我後來問他們為什麼給我這樣的稱號，他們說我像小說《家》《春》《秋》中的老爺，十分迂腐，事事要保險、安全、穩陣。我們測量中有個女同事，我曾鼓勵她叫她介紹她的女性朋友過來當測量，我可以為她們組織娘子軍，培訓她們，但後來找不到女生投身這行業，所以不成事。我和這個女同事曾經因工作需要在海水化淡廠過了一晚。當時我們接了一個政府的工作，需要每隊兩個人出勤，沒有人願意和那唯一女同事合組，她亦不願意和他們合組，但和我這個「老爺」便可以，因我上了年紀。那次出勤，我問上司有沒有知會水警陸警，我說我們在山頭野嶺，有一組要在大小磨刀水邊晚上工作，如遇上水警被懷疑是偷渡客或什麼便麻煩。如果水警把我們測量人員帶走，會令整個任務缺少了一部分，影響很大。我建議要求警員發出證明，以便水警查問時可以出示。結果上司知會了水警，還將水警的確認信複印發給各同事，那次果然有水警來查問我們。這是我比較精明的故事，因當時不知道在太元有沒有人已經提出這個想法，甚至在進行中；如果沒有，我提出來就表示他們無能。這種事未必受歡迎，但為大局著想，我就不管人家的想法。

那女同事也叫我「老爺」，我說不行不行，幸好你未結婚，否則你給你丈夫多添一個父親，他必定抗議。所以一切女性除了自己丈夫的父親之外，不能叫別人「老爺」，等於是叫家公。那如何叫？我說你可以叫我「何老爺」，即何家的老爺，這等於是「何先生」，沒有問題，如同稱呼別人為「何太」、「何師

奶」。所以人家給我的稱號，我也要為此去想出解決的辦法。有一次我上司也這樣叫我何老爺，其他人聽見便說老闆也叫你老爺囉；我看見老闆即時在外面停下來聽我們的對話，我說你們不用大驚小怪，那只是個花名（綽號），他可以叫我何契弟，如果你們叫我何契弟，他會跟著你們叫我何契弟，順口而已，那便化解了一次有可能的誤會。

還有一次上司向我借對講機（那種要申請牌照的高級對講機，可以港澳通訊，像電台一樣），我問他什麼時候還給我；同事聽了說，你竟敢問老闆什麼時候還？我說那工程是他的，對講機也是他的，他要借多久都可以；我問他什麼時候還，我便知道未來的工作安排，什麼時候才有對講機再去做餘下的工作。如果他一星期才還，我便到寫字樓申請多買一部，也不敢問他取回，最後老闆當日下午已把對講機還給我，因如果我要因此申請多買對講機，後果十分麻煩。

有一個我女兒來探班的小故事：那時我女兒十五歲左右，我在屯門工作，她來探我。我們在海邊工作，她坐在碼頭邊看著我們。我介紹我的同事讓她認識，有個我叫根叔的，我便向他說：根叔，這是我女兒，向女兒說：叫根公喇。根叔說叫什麼公？我說我叫你叔，我女兒當然叫你公呀。然後到我那班嘩鬼手下，我向他們說，不要理我女兒，待會我女兒來跟我們飲茶，現在先去工作。誰知那天大家都做錯了很多，我為了要看顧他們自己也犯了些小錯，整個上午等於白費了，結果下午要由頭再做，我說真恐怖。

我到澳門工作是太元派人特別來找我的，我那時不在太元

工作，他們在澳門要建豪園城，專門找些像我的舊人來，還指明說找何思賢回來幫手，負責填沙。工作是把水中的沙泵出來，填在氹仔澳門大學下面的一塊地裡，要一個人來領導測量的部分，他們覺得我也可以擔當。「太元」是船廠，大老闆已過身，他膝下有四個兒子，兩個女兒，都有很高教育程度，其中一個兒子在英國讀法律。四個兒子和兩個女婿六人都是「太元」的董事，另一個董事就是上面提到的根叔，是老臣子，以前在地盤會拖些爛船去拆鐵，或會修理一些船。船廠共七個董事，數目必要是單數，否則沒有人投決定的一票。他們幾個兒子輪流當權，不知道是商量好還是投票的，如果是投票最容易說服那兩個妹妹，總之每個兒子都有機會作主。那次特別叫人找我過澳門，是那位在英國唸法律的兒子，他回來在香港實習，無論如何會對那些法律字眼比我們普通人好。他拿著合同和我解釋：人工多少，包括什麼職責，不包括什麼職責。我問他幾個問題，我問你要我帶的下屬從哪裡來？如果從外面請來未必有保證；他說一部分是公司在職的測量員工，自願性質過去；另一部分會請新人，但不會在香港請，會在澳門由我請；即我是高級，中級的從公司調過去，低級的在本地請，由我負責管理。我說可以，那些我會跟著行規，有試用期，不滿意的會解僱，但那批中級的是調派過去的，我無權開除他們。老闆說：不用擔心，如果發覺誰有問題，你告訴我我便調他回來，我再看他表現如何。他十分老實，可能怕我冤屈了那人；我說你對，看他在哪裡用得著，也許只是他在澳門那邊太悶發脾氣也說不定。我們在那時已想得很周到，對雙方公平。

另外一些我和他談判的條件，他說如有不能依我要求的，他

可以補錢，我說，我為自己也為同事們著想，所以我會訂得比較嚴謹，請你不要見怪。我問如果受工傷會如何，因其他的條例如解僱等會跟香港的勞工法例，不是跟葡國的法例。他說工傷便送政府醫院。我說不可以，因政府醫院是葡國人運作，不是技術不好，是溝通上會有困難。我指明要送到鏡湖醫院（其實鏡湖不一定有位）；我還說鏡湖是慈善醫院，三等病房是不收費的，頭等的又頗貴，要求任何員工工傷要入二等，他答應。後來真的有員工工傷要入醫院，我五妹當時在鏡湖工作，我叫她去看看，也不用她特別關照，只要她去探探病，人家問她這是你什麼人，她只要說是我大哥的同事那已經很好，不用特別待遇。

　　和太元老闆在談條件時，老闆自己一邊在旁做筆記。他提議做一個合同，白紙黑字寫清楚。我問他合同是中文還是英文，他說是英文；我說我看不懂，雖然我們現在是對立的，但我視你為朋友，我信你，你把合同解釋給我聽，我才簽。他說沒問題，會如實去解釋給我聽。之後拿出外面叫秘書把合同打好，打好後拿回來逐條逐條地解釋給我。我一看便見到有錯，但我先不說，等全部聽完才說；如一開始指出錯處，後面的不知還有什麼錯。我一次過從頭到尾聽他解釋一次，然後我說：這張合同我不能簽；他問是有什麼問題嗎？我說，這合同不是我的。因他秘書把我的名字串錯了，寫成See-Yin，正確的串法是Si-Yeen，頗為特別。他馬上叫秘書來，發現是那秘書一時疏忽。那時未有文字處理機，可以容易修改錯誤；那秘書說要重新再打，那合同共兩三頁，我說那太花時間了，改改便可，但改過的檔不能算法律檔，我便建議用塗改液塗改，打上正確的名字，再拿去複印，我們在

複印本上簽名。我說坊間的租約也是普通印刷品，我問學法律的這個老闆這樣是否可行，他說可以，最後便用了這個方法。這是我當時即場想出來的，也不知何來的急智。

我英文名拼音的由來是這樣的：當年在粵華畢業，畢業證書只有中文，許多僱主不知道那粵華中學是什麼學校；只一有些中國商店也許會認識，若要到香港政府做messenger也不可以。我唯有要求學校發一張英文的證書，神父說英文證書他不能發，但可以發一張成績單給我，由學校承認我曾經考過這些試，有過這些成績；我說可以，但神父只知我叫何思賢，沒有英文名；他是義大利人，他便用他的拼法去給我拼，我看到後很喜歡，沒有叫他修改；因如果改用See，這個字本身是有意思的；現在我這個串法Si沒有意思，單純是一個名字，不會產生誤會。直到現在我也未見過有同樣的拼法。

另一個有關合同的故事：這次我到另一間建築公司「霖鑫」和那裡的董事交涉。那位董事是受薪董事，工科出身，說話有公信力，是有實力的董事，與我談工作安排。說完給我簽合同，合同本身已列印好，是現成的，我逐條去看，他說你不用看吧，樣板合同全是一樣的；我說不是這樣說，如果我現在不看，日後我代你公司用測量員的名義簽所有文件，是公司負責的，你想不想我看呢？他頓時無語，說還是看看好的。他知道我這人不是一般的簡單普通人。

工作期間我亦試過以辭職威脅才能放假，因工作需要上司不批我放假，我說我便辭職，才爭取到假期。1983年我兒子大學畢業，帶我和太太到華東十日遊。當時我工作如日中天，手下有

十個八個同事，每天帶兩隊測量到外面，還有一隊在辦公室做案頭工作。那時的中國大陸剛開放，那旅行團行程十分精彩，什麼南北二京、長城內外、蘇杭二州，非常豐富；聽起來似乎去很多地方，但其實長江南北，就是過了橋便是；蘇杭二州也是可以即日來回；長城內外，我們到了八達嶺，下來後各團友問導遊什麼時候到長城的外面，導遊說剛才下車的地方便是長城外，車是停在長城外面，你們是從外面進來的。那時我要向Site Engineer請假參加旅行團，他知道我是可以說話的人，他說你走了我可以應付嗎？我說當然不可以。那你走了即拋下我不顧？我說當然，如果我走了你還可以繼續如常工作，何用請我回來。那怎辦？我說我去十天，替你安排好兩個星期功夫，交下錦囊，他們跟著做便可足夠做兩個星期，我回來後你要再請我，因那些功夫只夠兩星期，不能持久。他又說我如果不批你又如何，其實大家說笑而已，他必定批，回來也必定請我，我說你不批我便辭職。

在「太元」也有不少趣事。我們有些手下拍拖，他們的女朋友偶然會來探班，那時便會預先對我說好誰誰的女朋友會來，意思是請求我不要派他上山。我說可以，然後又通知全體人員，到時給那同事一點面子，騰出一張寫字檯給他，其實那只是其中一張用來畫則的檯；讓他坐在那裡，人家出入便叫陳生前、李生後，充一充，結果有沒有人因此而有後遺症我不知道，但也教曉他們外表是靠不住的。

工作上可以有些十分嚴重的出錯，幾乎連整間公司都受牽連：左右調轉，上下不分，這是測量大忌；內籠和外圍量度不同，這些都可以補救，但有些是補救不來的。我當年在香港灣仔

演藝學院門口做一條馬路，有行人路的部分，我們要定位給行人路，這是墨斗王的工作。當時我沒有測量儀器，只有標桿、丁字尺，眼望、拉線，這樣誤差是有限的，但我們竟錯了兩吋，那行人路竟在某一處多了兩吋，變成了馬路窄了兩吋，如果要補救便要拆了整個行人路重新再做。（我每次回香港好奇都想去看看那裡最後變成如何，或許已被重新再做，由兩線變成四線。）這是十分嚴重的錯誤，他們有權要我們重新再做，但最後過了關，沒被發現。其實我有錯，我的手下也有錯，在畫點上畫了尺的另一邊，經此一役令我從此做這個工序都提心吊膽。工程做到半途，行人路已有雛形，我看見便知道不妙，那如何是好？去告訴老闆，就算給他開除也罷，但怎樣去修補？基本上除了全拆了再做就沒有其他辦法，最後只有隱瞞。那如何過骨？到了收貨那天，收貨時並不是整條馬路弄得乾乾淨淨的，總會有些雜物；我們在那出事位置放一個電油桶，這樣便看不見整條路；收了貨，開始行車也沒有人會去量度。其實是應該去度的，但那時沒有人這麼詳細逐段量度，望望便算了。那次是錢的問題，加上延遲了進度，差點對公司構成經濟上很大損失。

有些工程就不可以這麼容易過關。我做過鐵路，兩條火車軌的距離應是四米，可以寬一點，但窄一些就萬萬不可，會導致兩車相撞。在兩條火車軌之間也會放些柱、訊號，所以對寬度要求很嚴格。這種工程真的要仔細量度，會特別在轉彎的地方度，怕做曲線時做得不準，這是較難的地方；直的地方我們度頭度尾，望望便可以。

說起建馬場火車站，那火車站長330米，可停10個車卡，是

標準的火車站。我從一頭喊到另一頭要十分使勁。要和另一邊的同事溝通，要先從一邊喊到另一邊，引起注意再打手勢。我的聲音可以很大，聲如洪鐘，現在當然不像當年，但也不小。

九肚山工程中我曾犯錯，調換了沙井與沙井間的筒（很大，有四五呎直徑，小孩子可以在內走動）的頂和底的位置，幸好那山夠斜，水可以流到。那個有碩士銜頭的Site Engineer把數計通，不用拆了再做。這些也屬於嚴重的出錯，即使用錢可以解決。

工作上有人來告訴我他做錯了，你不要想這是他的錯，就當作他在說某人做錯，對事不對人，馬上想解決辦法。你嚴厲責罵也於事無補。人家以為我脾氣好，其實把問題解決了我事後便責罵那人，甚至開除也可以；但要先收拾好爛攤子。這不是追究責任的時候，不是懲罰的時候，而是帶那人到案發現場去由他提供的資料去解決事情。

我工作時如要罵人，有時也會很激烈，罵完便叫他們要如何如何做。他們離開後，有些比較熟絡的下屬在旁聽到，說：何sir，這次真的上火了；我說哪有這麼多真火，只是我的工資包括了我要罵人，是我工作的一部分。我預計這句話會傳給那個被我罵的下屬聽，但我不怕，即使老闆聽到也不怕。

當工程發生了問題，我也會常常提一些小建議。有次我們在香港仔建行人天橋，跨過馬路；看了圖則但未施工，正在做基礎部分。我向那時那個助理工程師說圖則不太合理，可能不夠高讓雙層巴士駛過；他說雙層巴士高16呎，天橋底有16呎半高；我說你記不記得馬路中間是龜背的，他即時知道問題，但不知怎辦，因不想又重新設計。我說不用，我說升高它便可。怎升高？我說

建多一級樓梯便可，他照辦，我亦沒有去邀功，說過便算。

在香港仔那條天橋附近有條斜路，雨水會沿著斜路向下流到交匯處，即是天橋的位置。那裡他們改建過，那些去水的井（我們叫咖哩缸），已經放得很密，預備上面的水衝下來時去，不會水浸。我說可以去得及嗎？工程部那邊說我們已排到滿；我說你排到滿但水去不了也是去不了，他問我怎辦，是否需要由9吋的喉改到12吋喉，我說改12吋喉很麻煩，標書已寫好了9吋，定了價錢，你有沒有12吋喉我也不知，看不到，如果沒有，那就用兩條9吋，雖然成本會貴，但在計劃書上只屬小改動，比改12吋可行，那就改了成了兩條9吋。

我又試過替那些工程師獻計遮醜。他們要寫報告，說自己（不提我）發現有什麼問題。我通常看不到這些報告，但有一次我看到他們寫的報告，是有關一個馬路的沙井。我發覺這個工程十分有問題，並不可行。我和幫辦的下屬說了，他馬上派一個工程師和我談，卻又不讓我去開會，會議記錄上只寫著其中一個contractor的職員發覺那問題，我們派出了工程師某某，大家研究如何去做。到下一次的會議記錄，就說已經商量妥當，也改好了，是誰改好了卻沒有寫；我不介意，只要做好工程便算。

我用的各種辦法，我不會說是最好的辦法，很可能別人有更好的辦法，那我便向他學習。我工作也是如此。我們出外面工作，我向大隊說這樣做這樣做，有人建議用B方法會較好，我說現在不去研究，要爭取時間，總之按我的方法必能完成，雖然可能不是最精明的方法，但我用過肯定行得通；你的辦法我們回公司再研究，如果是好的我下次會採用。你有這種心態承認有人可

以比你更好，你便不會自高自大，但亦不阻礙工程。

我工作要巡更，我是頗嚴的，可以上下午各巡一次，或剛下山馬上又上去看，突擊檢查。

我也試過去測試一個政府助理工程師有沒有去檢查我的測量工作。那時是做馬場的工程，我們做了的數要呈上給鐵路局核對，做得好不好是我們的事，但數有沒有算錯他們也有責任。我故意將小數後的其中一個數字由3改成5，差了2mm，其實即使他們依這個錯的數去做，實際也只是差2mm，不會有問題，而且根本2mm是沒法準確地去完成的。最後他們把我的數退回來，我便說我抄錯了。他們果然是有看我的數的。

還有一個值得一提的軼事。我在做沙田馬路工程時遇到影星喬宏路過，他就住在附近，他那間小屋很多人想買，掛著「此屋不賣」的牌。那條路因我們做的時候附近有不少洋人，有人寫信到工務局投訴我們。馬路落石屎有幾樣材料，要有石仔、沙、水和英泥，我們做的馬路沒有英泥，只有沙、石和水，再用壓路機壓，他們便投訴我們不用英泥，說我們偷工減料。其實那裡是不需要用英泥的。有次喬宏路過，大家見面點點頭；我習慣每次回禮都給人家多一些，你不點頭我不點頭，你點頭我便叫早晨。喬宏走過後，夥記問你認識他嗎？我說我不認識。這時喬宏還未走得很遠，還在聽到我說話的範圍，我想他是聽到我的。我說打個招呼而已。夥記問我為什麼打招呼？我那句回答我認為十分精警：我說我看他做的戲，他行我做的路，這就是一種社會關係。

辦公室政治我不管，那些分黨分派我不理也不參與。我自己我行我素，你有膽量炒我，我便去另一夥；你看不起我，有人

看得起我。我認錯又認得快，有時候錯了便快快招認，有罪去自首，法庭罰了便沒事，否則一直拖下去一直做逃犯。我自己都知道不對的便認，但有些人錯了還惡。我做事很快，像開線setup讓人去鋤泥。有次慢了，那些人以為我像平時會很快完成，已安排那些機在那裡等；我說這次趕不及；他們說我是可以的；我其實可以裝說這些難做些，但我直說我搞錯了，問他們要不要我改正？不改正你們全鋤錯。他們不再說話。我說你可以到上頭投訴，我不怕。在「太元」（老闆問我借對講機那地方）一些小職員很怕老闆，早上老闆不和他們打招呼便害怕；我說不用擔心，可能他和太太爭執心情不好，或睡眠不足；自己安慰自己，不用太上心。

我工作上與不同客戶不同部門的交涉方法都不同。我沒有太多機會和香港政府直接接觸，因我的層次多數是和政府的測量部交往，大家同行也沒有什麼官民階級之別。我曾經找過一個幫辦的下屬交涉，他說：我可以扭死你（以政府的權力去刁難你），我說你刁難不到我，我大可到另一公司工作，你刁難的是我老闆。我真的這樣說，但最後我也沒有讓他們難做。我另外也有機會和一些年青的實習工程師接觸，我說你們是新醫生，我是老護士，你想我幫幫你還是裝裝你（留難你）。主要是因為我和他們很熟絡，關係密切，就可以說這種開玩笑的話。

我可以如此輕鬆地做測量，也是由於我肯花錢買儀器。我交了家用，餘下的薪水便用在買計算機，這就是我的娛樂。那時我肯去投資一些高科技的計數機，能寫49個步驟的程式，還有磁片可以記錄。公司提供的只是基本的加減乘除計數機，連Sine，

Cosine也要查對數表。當時市面上有些計數機已有Sine，Cosine功能，我便自備這些器材上班。我的同事說你在計算機安上四個輪便可動了，因那計算機是當時一輛二手車的價錢，是我一個月或八九成的月薪。我用私伙計算機很快便做好我的運算工作，但做好了我不會馬上交給上司，因我知道用普通計算機不會這麼快完成，我會拖延一點才交，利用空餘的時間去研究其他東西。

所以那時上班很輕鬆，人家上班馬上忙於搞生產，埋首工作，我卻是搞生活，先燒開水，慢慢消磨時間。桌上擺上很多工作的文件，都是做了一半，完成了的那些先收藏起來，到差不多時間上交的時候才交出來，還有我是保留所有計算的紀錄，從不會撕掉。工程部常常會發生改圖的事，原先的已計好，改了圖後不能用，人家便會撕掉丟進垃圾桶，我卻不會，我只是撕一個角，表示這是廢了的，但我仍保留著，一旦又改回原圖，我便不用再重做了，這些方法使我工作比較輕鬆。

我把我的測量儀器當作朋友。我告訴我的下屬，這些儀器是我們的拍檔，請將他們當為人去對待。例如坐車時要把它們放在車的座椅上，不能放在車尾箱，因太顛簸會弄壞他們。如果你虐待他們，他們工作時有問題，我們也麻煩。我對待工具是十分謹慎的，濕了水時必要馬上抹乾，不能只顧抹自己。

工作多年最開心的日子是在澳門做測量。那時候工資不錯，經濟環境不錯，工作手揮目送，沒有壓力；因我比他們走先一步，未做的工作已先學好。我的想法是永遠不要阻礙別人進步，而要自己向前去。你不可能阻止所有人超越你。在香港馬場火車站工作時也十分開心，連在辦公室的茶杯位置的coordinate也計

算出來，人家問用來做什麼，我說用來瞄準擲飛彈吧。

我不吝嗇去扶植舊夥記。通常測量團隊有一個領導，帶著幾個下屬，我常叫人學得便學。我曾經在屯門一個填海工程做測量，手下有一班夥記，我鼓勵他們學習；當時有些人打算移民英國，他們說：我也快移民了，還學什麼？又有一些人說學了也不知何時才能升到那個位置去運用學了的知識。我不責罵他們，只會向他們訓誨，我說：我也是這樣爬到今天的位置。我教人家人家會服，那些正式測量學院出身的反而人家會服，他們覺得我何sir未進過大學，和他們一樣高中畢業，何sir能達到這個階段，他們也可以。我說也不應只想到了我的位置便停下來，要有再往上進的心。他們問為什麼，我說你移民未必成事，留在香港便要工作，那你最熟悉的工作就是這份，除非你再轉行；再說，你移了民也可在那邊當測量，就算在當地要重新考核，你也有基礎。如果你做不回測量，你所學的知識還是有用的；如何有用我不能具體說，但總是一個經驗。

我教人的一套是因材施教。有同事不懂負數，但我們工作常要在負數上加360度，那人不懂負數，便不能替我完成工作；不完成工作會影響我的進度，於是我決定先想辦法完成手上的工作，遲一步才教他負數的概念。我教他轉換來量度：正式是由測量站到測量點量度，如果從測量點到測量站量度，便不會出現負數；我同時用兩個不同的方法教兩個夥記，給他們反問：為什麼結果不一樣？其實殊途同歸，只是大家的方法不一樣。我向他們解釋：因甲你懂這個概念，我教你這個方便一點的方法；乙你不懂這個概念，我便教你用一個迂迴些的方法，但都是可以完成要

做的工作。

我又學懂有些方法雖然迂迴，但也會有同樣的結果，例如三點式計算。利用三個點的數值，經過複雜的運算可以算出那是什麼，是較難的；有些人學到其中一種便算，我學了一個，向人家請教到一個。我當時叫那些人到珠海大學土木工程系去特別選修這門課，那屬於學系課程其中一個學科，付學費便可以去唸。那些人上了課，我借他們的筆記去看，便學到第二種方法。之後再自己研究，又研究出第三、四個方法，因原理是一樣的。其實最後我只選一個我覺得最好的方法，其餘的其實沒有實際用途。我有一次到監管我們測量部的畫則樓去看他們的計算，被人家說是不是想偷看他們的工作，拿去自己用。我說不用偷，我也有，我有七種方法，你要哪一種。

我手下有十多個夥記，我把他們的名字寫在紙上，像玩紙牌一樣握在手上；人家看見以為我工作時間玩紙牌，我說不是，其實是在編配人手，分隊工作，如果配搭不對，他們便完成不了工作。當中有人被叫「負一」，因他在你的隊伍中，非但沒貢獻你還要找人去照顧他。我對那「負一」說，你要好好去學，現在我當你是「零」，回來便要是「一」，鼓勵他們。

我的工作十分著重Sine 和 Cosine，我聘請過根叔介紹來的侄；根叔很厲害，他說：這是我的侄，但不用給我面子，他可以的便留住用，不行便炒了他。我說：即使是根叔你，你不行我也會炒你，因你阻礙我。我是十分坦白的，我扶得起會盡量扶，你不行你便在下面當蛇仔。但那也是很慘的，畢竟人人都想升職。可惜那侄連Sine 和 Cosine也弄不懂，查表更加不知怎麼查，怎跟

我們做數？我叫他去學，他問到哪裡學？我說你家有沒有弟妹在學？他有妹妹讀初中，我說她現在正在唸這些，教他去取悅他的妹，請吃牛扒、看電影，然後叫她教你。他真的回家學曉，有了基礎便可以做下去。這些話我是在其他夥記面前說的，希望即使他們沒有這個問題也會懂得這個道理，跟著這個方向去。我覺得我播出了很多種子，有沒有用我就不知道了。

我這麼多年來只炒過一個人。那人真的十分懶，出隊上車搶著坐，拿件最輕的器材，坐著不動；下車又下最後，不想工作；不知是否被家人迫來上班，不用滿試用期，三幾天便不行，也不管是誰介紹，或在外面請總之解僱了他。他也沒有發火問原因。我做了小頭目，有權決定炒人，炒人機會也很多，但為何只炒過一個？因有些夥記會覺得有東西學不介意人工少，我留住他他也不辭職。如果肯學，起初雖然不行，後來又可以應付工作，便沒有炒。那被我炒的人走了之後，還是做回我們這一行。我不敢看輕他的發展，他可以飛黃騰達。一次吃午飯時大家在茶樓，他從鄰桌走過來，我沒留意，連他樣子也幾乎認不到。和我同桌的手下馬上站起來，不知他過來想做什麼，原來他來感謝我炒他。我未見過這些情節，在電影也未見過。我問了個中性問題，例如你現在做什麼工作？我不用自大肯定，他也不用謙虛否認，如果我不炒他，他會一直在我們那裡無所作為。我炒了他，他思想自己的過失，不能這麼懶，後來到另一公司做。那時他也是以一個普通人身份入去工作，我沒有毀他聲譽又沒有黑名單，他現在總算有普普通通一份工作。

說到行內聲譽，有一個墨斗王，他用我的商譽，向人家說

他跟過何sir，幾乎說到以前在我那邊做過測量。他是墨斗王，不是測量，不是做了30年護士就可以變醫生，一定不可能，要做測量便要重新學。他有沒有學過我不記得，可能我四處鼓勵人，他受過我鼓勵。現在做測量全要有證書，我是不要求證書的最後一代。最容易便是到珠海書院，週末上上課，那些課程專為在職人提供。他可能學過，否則不能做測量的工作，起碼要有基礎。可能他轉了去做測量，如何能轉到？他可能也在地盤像我這麼好學、好奇。我們的測量功夫像批發，開了出去，一些人就做承包，再去拆散包裝、零售出去。他們接我們這種的工作，很多時測量是大墨斗，墨斗是小測量。他肯學，又向我問些皮毛。但我沒有正式教他測量，墨斗的東西就真的教到他。我沒有學過墨斗，只在翁基那裡觀察，但我覺得我也合格的，實際操作雖然不熟練，但理論是知曉的。一些工作墨斗沒有做，但如果把測量功夫搬進墨斗那裡，就會變得容易做。例如用加減乘除，有些很難去計的，不是計不到，但如果用代數方法便容易很多。這就聯想到雞兔問題，有幾個頭，幾隻腳，用算術是很難想，用代數便容易一些。但用算術我也有一個很容易解決的方法，其實是用代數的方法。

說回那個墨斗王，他那時在甲公司做，到乙公司見工，乙問他：你懂多少？誰是你師傅？他不能說我是他師傅，他只說他跟過我。那時附近的都認識我，乙公司便請了他。請了之後他才告訴我，他向人家說跟我學。結果那判頭來問，其實那判頭我也認識，他只是在另外一檔。我說是，他是跟過我，就不再詳細說，他跟我其實只是墨斗的功夫，不是測量。後來他在甲辭職到乙公

司，甲不放人；這是後來聽回來的，不是他自己炫耀的，我也是做了事不到處炫耀。過了很多日子他才說出辭職當日，甲公司說你走了我們沒人做。我不知他那時是不是學了我那招，把工作交帶又教曉了手下才離開。甲公司亦有其量，向他說：留位給你，你隨時可以回來幫我。你照過去當測量，我有測量工作也會找你；我當你在外面是學東西，學完你也會回來我處。說法像那些堂口一樣。

有一段時間香港建築業興起，需要大量測量人手，我鼓勵了一個員工去唸工專，還拿取了證書，有資格在政府工程中當測量。我也可以在政府工程中做，但我是靠經驗，靠工程師推薦。到我們要請人了，幾乎有手有腳的都可以，便叫人事部去請。他們找了幾個回來，一個是國內大學土木工程畢業，是當時政治局勢混亂來了香港的那種。我於是和另一個chief surveyor商量。我們都是chief surveyor，但他比我多一塊錢工資，我還開玩笑說你比我高薪，有什麼我也問你，什麼你也要負責。我和他商量大學畢業請不請好，那chief surveyor覺得請回來最終讓他爬到我們之上。我說他成了我上頭我便走，而且他還有很長時間才會爬得比我們高，因他沒有本地經驗，不懂行規，雖然他很快會學到。我覺得沒問題，你不可以阻止他人進步，但你自己可以增值去爬，你阻了一個阻不了另一個，人家在另一個地盤升了再回來做你的上司也可以，所以最終還是要自己進取。我將這個想法和別人說，有些人信，有些人不信，最後我們決定請，請了之後他也沒有太囂張，因我們肯請他，他已很感激。但他不懂看玻璃鏡，那是一些比較高級的儀器，那刻度盤是玻璃做的，用攝影方法拍下

一些線條，十分精細，肉眼看不到，要用儀器放大才看得見，而且儀器是可以打爛的，所以我們對待儀器要如對待人一樣小心翼翼。面試時他不懂用玻璃鏡，考不到技術；我說一定要考基本功；我給他一個工作，實際去找定點，其實就是我們最基本的工作，我建議給他用較舊式的游標經緯儀去考，因他必懂用這個。他也感激我有這個提供，那儀器是公司保留下來，別的公司不會有，因很難去讀，沒有人肯用，人人都用先進一點的儀器；我就是這樣給別人機會。

我請了這個大學生，他真的沒什麼經驗，只會在案頭做數。有一次他要帶隊上山，我讓他去開一個弧度，每點距離和角度要一樣。他量度後其中一個差了1至2mm，他不知為什麼會錯，我知道為什麼，但故意說我不知道，提議下午他不用再帶隊，我去帶，請他在辦公室核算改正。未到下午茶時間他已經來找我，說我對，因四捨五入，每次累積多一些，到了最後便多了。我兒子曾經在某教堂當執事，負責財務，數數捐獻袋、記帳，負責牧師的工資，每月發支票，結果最後一個月多了幾角錢，董事說應該每次數目一樣，我兒子說每次一樣便欠他幾角錢。

那時也有一個大學農科畢業的來當雜工，他不夠資格當測量，但公司不夠人手，要找Site Engineer，即駐守在Site，是公司在Site的代表，要統領Site，管理判頭。沒有技術知識沒問題，因上面還有高級的可匯報；資格是要大學畢業，於是他搖身一變由雜工變成Site Engineer。所以我不會看不起人家，他當雜工時我也和他很老友，到他當Site Engineer我們也同樣很熟絡，雖然他的Site很小，不會管到我們的測量隊的。

後來移民，我拿了舊同事的地址，來到這邊便寫一封再影印很多封信寄給他們，談談近況。起初是每年，之後是每兩年三年寄一次，後來停了；有些打回頭，有些從來不回信，有些回。當時不流行電郵，過了時間亦開始沒有共同話題。但有些人也會告訴我去了哪個地盤做，有個甚至是舊同事的太太寫信給我，那個太太我也認識，說她丈夫過世了，我其實也記不起是誰；她又寄相片給我看青馬大橋，說丈夫曾在那裡做測量，給我記念。

　　我在澳門有一個由我帶出身的同事，那時他只是一個中學生，什麼也不懂，入來做「村民」（chapman），我一直帶到他做測量，可以入到中型公司做。我1999年回澳門時他也請我喝茶，帶我到氹仔榕樹頭咖啡店吃豬扒包。我們以前是在氹仔開工，在氹仔吃午飯的。之後也沒有聯絡了，那時沒有電郵，寫信大家都嫌煩。

　　直到現在我會把和舊同事的來信、我覆的信保留，但也沒什麼機會再看了。

五、元朗

　　我由57至62歲移民前，在香港沒工作；我為節省金錢，把所有物業賣掉，搬入了元朗，在那裡積極參與社區活動。那時香港民間福利很好，政府成立區域市政局、社區中心；提供給長者和基層人士不少的活動，例如一日遊旅行團，我便活躍於這些活動。我那時經常旁聽區議會開會，除了財務會議不允許公眾旁聽外，我所有會議都去旁聽。那個區議會的會址就是在街市大廈的樓上，會議中有時會有政府官員講解政府政策，可能是英國人，說英文的，會有即時翻譯的服務，用身份證換一個耳機來借用便可聽翻譯。我竟會被人以為我是記者，更問我是哪間報館，我說我只是普通街坊，他們驚訝我會這麼熱心去旁聽會議。他們說你真有心，我說你們在監察政府，我就在監察你們。我去旁聽還有咖啡招呼，又有議程；我相信很少人會像我得到這樣的待遇，後來知道我不是什麼特別人物，就沒有議程也沒有咖啡再給我。我旁聽得十分認真，有什麼相片投射到銀幕上，例如有改良巴士站的諮詢的地圖，人家可能手上有列印的地圖，我沒有便自備望遠鏡去看銀幕。

　　我曾幫過一個區議員，他叫黃偉賢。1991年他參選立法局議員，選區是新界西，包括元朗。我去旁聽會議時見過他很多次，出入會打招呼，在洗手間也碰見過。有一次我們一起在等電梯

時，我聽到他和其他人們在聊天，談起有沒有入鄉村拉票，他說沒有，因村內的人沒有選票，有選票的白天都上班去了。我待其他人散去後，單獨和他說：你應該入村。我說即使他們沒選票，卻可以影響選票。那些老婆婆，認為你尊重她們，你肯向她們解釋政綱，有機會左右那些下班回來有票的年青一輩。他們也許心中已有目標，但也有一班游離的，可能就會因此選你。那次他真的勝出，之後他也口頭答謝我，說我的方法可行。我覺得這思維可以引伸到很多情況：你去找女朋友，之後卻發現對方已婚，我會照樣和她保持朋友關係地來往，因她仍有其他姊妹、表姐妹、同學，甚至認識了她的嫂，人家的嫂也會有妹妹，你只要讓她們覺得你好、值得介紹，你便有希望。所以不要斷了那些路。

當年港督彭定康推出很多文娛活動。我在元朗時有參加門球活動，是一種很適合長者的運動；以步行為主，像哥爾夫球，四處走動，一隊共十人，每人打一次，要輪九次才再有一次。當時政府派了一個正式受訓過的教練教我們，我自己也去找資料研究，懂得不少。我在香港參加了元朗體育會，可以代表參加全港或地區門球大賽；元朗隊還拿了冠軍，但不是我那隊。我們分A，B隊，我是B隊，B隊不是冠軍，B隊其實是實力較弱的一隊，我叫它為靶隊。我是靶隊的隊長，那時沒人肯當B隊隊長，隊長要編排人出賽，要報到、拿時間表這些跑腿工作，人家只想打球，不想做這些雜務，但我不介意。有人為自己被調入B隊沮喪，我鼓勵他們，說人家的水準停留在那裡，我們可以追上；又說人家會退休會離開，到時變到我們入A隊。為了鼓勵他們，什麼說話都說得出，說我們很有價值，如果沒有我們，那A隊便沒

有練習的對手；全靠我們和他們練習，他們才有這個成績；我用這些方法自己鼓勵自己。移民時我也帶了兩個門球和一支球棒，門就沒帶，打算過來用鐵線做，希望在公園玩，又可吸引同路人。我玩了一兩次，有好心人告訴我，原來這邊不可以隨便在公園玩這些活動；我也沒有特別去找門球會，便擱置下來了。

我參加的這個體育會也舉辦過單車旅行。當日先用旅遊車載我們由元朗到沙田，自費租車，租了車便一起去騎；到了終點每人派一個飯盒，休息並欣賞風景，之後回程。參加者必須經考核騎單車能力，出發前要即場示範；他們還按能力編排次序，把水準高的一兩個放在最前，然後是普通的一群，再跟著是水準不高的一群，當中夾一些水準高的，負責照顧、殿後。我們在中間跟大隊，我什麼也敢說的脾性又發作了，我說不妙，有兩架海軍飛機阻礙我們。海軍飛機起飛不是用跑道，而是用他力被彈上天空的；我用來比喻那人騎車不懂開第一步，要人家在後面推才能起行。如果海軍飛機要降落，也是要靠母艦的幫忙拉下來，等於是那人不懂停車，要人家在後面幫手拉停。人家起初不懂什麼是海軍飛機，經我解釋便覺好笑；我說如你不想做海軍飛機便學開步、停車吧，鼓勵人家一番。那次單車遊我們拍了集體相，放在年刊上；後來看到照片，才發覺我獨個站在大群人旁邊，其間分開了一大段距離；原來當時那群年輕人自行站在一堆，也不理我這個老鬼了。

我也參加過油器班，即學習做油炸鬼、鹹煎餅。因那時很多人準備移民，讓那些人移民後可以自己在家製作。他們一共教製作4種食品，但我沒有四節課全部出席，結果不能畢業。另外

還有家庭樂，也是政府舉辦的，其實是郊外一日遊兼燒烤，由主辦單位準備叉和食物，供家庭參與。我去報名，我說我家人都在外國，太太在美國準備孫子的出生，女兒在大陸；說得好淒涼，我說你們是家庭樂，但我只有一個人；辦事人說可以照樣參加，我便參加了。到了郊野公園和其他人一起燒烤，不久便問旁邊的太太：我的熟了沒有？答：「還未熟，要再燒一會」；後來又給我燒焦了，那太太不忍，說，「來，我替你燒，你先吃我那份吧」。其實她不給我吃我便算了，我志在去遊玩，我沒得吃我也不會餓死，只覺頗得意有趣。

六、加拿大

　　我1992年移民加拿大多倫多。移民是女兒提出的。那時兒子已在美國多年，後來女兒也移民加拿大。移民前已預先說好，剩下我和太太兩老在香港不太好，到女兒安頓後也會申請我們過去。我女兒移民後，在落腳一個月內找到工作，買了房子和車；因她從香港過來，效率很高。之後便馬上申請我們移民。那時移民部的職員向她說，你三個月試用期也未過，要等三個月後才可來申請，其他條件已符合了。後來她在三個月後順利申請我們過來加拿大。

　　移民初期，由於兒子還在新澤西州，相距不遠，去探他們頗為頻密。有次我到美國探兒子，過關時官員問我去美國做什麼，我說探我兒子；他們問你有帶什麼禮物嗎？我說我就是禮物。那時孫女兩歲，我60多歲，她在超級市場走來走去，我去追，兒子、媳婦就去看東西。我們和孫女能用中文溝通，因她的保姆是說國語的退休大陸教師。那時孫女未上學，我大都待在家和她玩，沒什麼地方去。我會把我兒子的房子畫圖則，自我娛樂。每次探兒子不能住太久，每次大約是一個月左右，因太太要吃中式點心，在美國到中式茶樓很不方便，她沒點心吃覺得很辛苦。那時我沒有在美國開車，唯一一次，兒子要把他的車留在某處過夜，我就開車把兒子接回來。在溫哥華也試過開車，當時三弟做

手術，我負責開車接送。那時沒問題那裡都敢去。

有一次從美國回加拿大登機過程中，已經走到那條駁橋上了，我被一男一女關員截住，問我身上有沒有超過一萬元現金，又要搜我的行李，又問我帶了多少錢。我還說如果有一萬元便好了，但我沒有；我英文不好，他們聽不明白不是我的問題，我不能保證懂英語哦。他們問我有多少現金，我說我帶了三千元到美國，在那邊用了一些，可能還有二千多；他們還要我數給他們看，我也照辦可也。我怕耽誤了起飛，他們說不用怕，有他們在飛機不會開走，那我才安心。回到加拿大問人家，為何會選中我，我哪像有一萬元？他們說不是如此，因有一些窮人專門替人家帶錢，所以海關會挑你這類人查問。

後來兒子被派到北京工作，超過十年，之後再調到廣州。他在北京時我常去探他，大概是一年我去探他，一年他來探我。我印象最深是2003年沙士期間，我在北京。2005、07、09年我都去了北京，但到了2011我已不能再去，因我發現自己有腦退化症的症狀，我信不過自己。我每次去北京約四、五個禮拜，住在兒子家，其實大家都不太方便；尤其是太太常常要吃廣東點心，但我普通話不好，要單獨出門很是困難。後來我懂得乘的士去，已屬很本事了。

不出國探兒子的時候，我在加拿大便逐個社區去玩。玩社區由看電視開始，電視有介紹社區的活動，提供了機構的名稱、地址、電話，我只夠時間記下電話號碼，便打電話問他們的地址，再在地圖找他們的位置，開車過去。進去那裡會看見一大堆宣傳單張，包括其他機構的單張，於是我搜羅了一大堆資料，一個一

個機構去找，那時真的十分忙碌。我堅持一個原則，我從不加入任何機構作會員。別人問為什麼我不做會員，我說我怕人家要我當主席，這當然只是開玩笑；正如學英文，我說我既老且懶，不學了，但千萬不要我學法文，萬一被人推舉做總理怎辦，都是開玩笑。我不做會員，人家常會遊說我，說非會員會比會員交多些費用，越參加多活動便越省錢；我說我不入會；他們問：是不是不想花錢？我說：不是，那個差額我可以當捐給你們機構。他們說：那為什麼不入會？我答：就是怕你們要我做這個職位、那個職位。他們說：那你可以說不呀！我答：那現在你叫我做會員我便說不了！其實真正的原因，是因為非會員始終是外人，讚好批評好都有說服力；如果是會員，屬自己人，讚的時候人家便不會信服。另外，如果我批評你們，這是一個外人的看法，如果我讚你們，則表示你們對非會員也有如此水準的服務。我問他們寧取哪種，他們也沒有話說。不當會員，只是Member of General Public，這就是我的銜頭，人家是CMB、MT、GP，我是MGP。話雖如此，必須入會的時候我便入，例如在香港我加入了YMCA，因為你不入會不能參加他們的船主訓練班，我便只好入會，訓練完後便不再續交會費，就會停止會籍。又例如賭博，我不賭博，但也會參與，有時是應酬需要。當年地盤裡有七個夥記，大家吃午飯時有人倡議每人出一元買六合彩，這樣便可以買七條彩券，每條有六個號碼，我如不參加就打散了他們的計劃，我於是便附和參加了。別人忙於抄下號碼，我從不去抄，人家問我，我說必會中的嗎？人家說必會不中的嗎？我說中了你便把我那份給我便可以了。那如果我們不分給你呢？你們六個人都一起

埋沒良心，做得出嗎？所以我從來不抄，那一元便當應酬費，所以凡事不是硬性的。

我四處「踢館」，很多人都知道有我這人存在。我也會打電話到電台消磨時間，是電台的烽煙（phone-in）節目常客。別人問為何我可以常常打通，我說我有內線（笑話），其實是我懂得利用重撥的功能。我也掌握到竅門，就是當主持人和甲談話，只有另一條線在等待，其他人打不通，但我待甲一掛線，我便按重撥，所以很多時能接通，連主持人也覺得出奇。我的言論有爭議性，有時會受罵。我在電台節目用的名字是Jay Ho，我語不驚人死不休，那次有個講題，說女人要入得廚房、出得廳堂，我補了一句說還要上得床。我又補充，老爺要求要出得廳堂、奶奶要求入得廚房，相公便是餘下的要求了。我這番話被人家罵不正經，我說你實際上不是一樣嗎？

又有一次我參加由甲社區舉辦參觀乙社區的巴士一日遊，當時我在乙社區已參與過他們的活動，但我不透露我的雙重身份，只在輕描淡寫地鼓吹一下乙社區的活動，竟然有人在背後說：你是「煎蠔」嗎？我說不是「煎蠔」，是 "Jay Ho"。他說你是否在電台發表言論那位，他是認出我的聲音；就這樣我在各社區機構社團活躍了很多年。

我本來沒有英文名，只用Si-Yeen Ho。這邊很多中國人也沒有改英文名。到有一次我看見一個社區活動廣告，用中文寫的，後來卻發現原來是一個印度的社區，可能他們想和中國人打交道，或者是想聯繫一些從印度來的華僑。日常在超市有時會聽見一些華裔老人滿口英文，但他們看起來又不像在這邊上學，後來

知道他們是從印度來的移民，在印度受的是英文教育。所以印度社區和華裔移民關係也頗密切。我看見那廣告宣傳有個開放日，歡迎新移民，如果在那裡吃午餐，收費是三元。我在電話問他們，全是英語對答，我說我如果過來交三元，有點路遠；他們說你可以先報名，留下姓名。那次活動全是英文，我還可以應付，志在見識。那天是一個社區資訊日，有警犬、警察，很多圖片又有多個社區資源、服務的介紹。我在那裡吃午餐，有一位印度來的老伯和我攀談得頗投契。我們用中文在聊大家的移民經驗，他知道我是香港來的，他說他從印度過來，只限帶一定數量的財產，出來要靠這邊的收入；又問我香港的情況，我說我們幸運一點，也坦白地告訴他，在香港賣了房子，可以在這邊買一個單位和一部汽車，今天我便開車過來。

我不懂投資，收入就是靠工資；我又不受黑，但我有積蓄，可以足夠移民。我們也懂買房產，因不懂其他投資，這就算是我們的投資了。這是我父親教我的，說我不懂做生意，也容易受騙。我們曾住在玉滿樓，是我太太名下的，因那時我在海外工作，單位要分期付款，她沒有工作不能分期付款，於是就當她是「泰安」的僱員，紙上發薪，實際上是我父親供款。到我父親過世，當時還未供滿，我們想出來（或許父親也有教）租給人，靠租金去供，然後用父親的遺產和我的積蓄買了永豐街七樓。那裡沒有電梯，地方細了一點，搬屋前帶子女去看過。玉滿樓便靠收租去供。

有一次我們逛街，好奇去看新樓盤，那就是南豐新邨。那時我們已是兩個物業的業主，當日還下著雨，否則可能不會進入

那銷售處。那些經紀成功遊說我們，到落訂時，要交500元，我說沒有帶這麼多錢，只有百多元，他們也讓我們落訂，明天再補交。那便下著雨在錢包拿了一百元給了訂，買了樓，翌日付了500元訂金作實，訂了臨時合約，那時屋苑仍在興建中。那就是這樣我擁有共三間物業。那時真的沒有打算買，但考慮過是有能力可以買。到兒子出國讀書我用了積蓄供他一年，第二年他已能經濟獨立。我退休後賣了南豐新邨搬到元朗；女兒移民時我們賣了玉滿樓，讓她有能力買屋買車，保持她的活動能力，不用租屋，坐巴士上班。她剛買屋時還沒經驗，買了斜的屋，地板不是水平的，放鉛筆在地上會滾向一面。元朗那樓我移民時賣了，還交託我住在元朗的外甥女代理，我花了一千元寫授權書，授權她處理賣屋的後續事宜。來到加拿大便能買屋買車，但生活仍要靠子女。我們兩人也有政府老人金，我便用作家用，足夠生活。

和印度老伯談著這些內容，聊下去他問我叫什麼名字，我一時不知如何回答，但也很快反應，我說我叫Jay，全名便是Jay Ho。我用Jay的原因是我移民那年的1992年，有一隊棒球隊 Blue Jays，連贏了三個大賽。我去查字典，知道Jay是一種鳥，沒有問題，但另外也有一個英文詞語叫 "Jay Walker"，意思是不遵守交通規則過馬路；這也無所謂，Jay的好處是簡單，只有三個字母，發音也簡單，只一個音，亦很易記。之後我用這個名字到電台烽煙(phone-in)。另有一次我進入一間商店，那唯一的女職員用英文叫 "Jay，come back（回來）." 我說你叫我嗎？我還未走呢。她說她叫她的女兒，原來有個小女孩在店內想走出街外，我說我也叫Jay，我說那也是女孩的名字嗎？她說不是，她女兒叫

Jane，我不能分辨那些發音相近的英文，差點產生了誤會。

我移民過來後也有做義工作為消閒。起初我去每個機構參觀，先了解一下。我最會批評人家的宣傳單張，我常會向他們提意見，我最常提出的是要他們加上年份，只說幾月幾日去旅行，起碼也要加上是星期幾。加上年份有什麼用？我說這單張可能幾年後還在，而人家看到以為是當年的活動便掃興了；如果有年份，人家看到這機構曾經在某年某月辦過這些活動，如摘蘋果、看楓葉，不知今年會不會也有，可以去查詢，也是有作用、有價值的。我也提議過他們印些簡單英文在單張上。他們不明白印英文有什麼用，因一般參加者都不會英文。我說不是要求他們要中英對照，但起碼要寫上最基本的活動資料，日期、地點、集合時間等；不是給長者看，是給長者在家的兒孫輩看的。一些長者是需要家人接送的，將那單張給那不懂中文的下輩一看便清清楚楚。這些雖像小事情，但我也熱心去提供意見給人家。

我到電台烽煙發言，我會順著大家的話題去發表意見。話題通常與社會環境有關，例如同性戀。電台兩個主持都同情同性戀，我也同情他們，認為無所謂，只要不騷擾我便可，而且可以減少人口。那兩個主持都因為受不了社會壓力，後來辭了主持的職務，一個是曾家達，他是多倫多大學社會系副教授。我曾問過他什麼時候升正教授，他說要待有位才有機會升，但工作量和正教授一樣，工資卻較少。正如我當年當Chief Surveyor下面有Senior Surveyor，Surveyor，Assistant Surveyor和Chapman，其實是工資的分別。當然低級的做不到高級的工作，但高級的還是要做低級的工作。我也會在另一個電台發言，那節目有三個女主

持，楊虹、江雪和苗可秀，我常常phone-in到那裡，還教人家剁豬肉餅。主持人在討論為什麼肉餅這麼硬，有人說要加粉，我說還要加水，邊剁邊加水，但不可以讓水從砧板邊流出，便不會硬了。

這裡有一個我曾聯絡楊虹的故事。我在加拿大參加過一些義工工作，包括探訪老人院。我們義工每個月一次到PandaCare探訪院友，認識了男演員李清（當時也有個女演員叫李菁），他進了長期護理安老院。我認得他的容貌，看舊電影也見到他。有一次不知是職員還是他告訴我，說他女兒沒來探他。可能他女兒每一個星期都來，有時忙沒來，第二個星期又沒來，便掛心，茶飯不思，但不是絕食。我和他聊天談到，他告訴我他女兒和楊虹是同學，他叫我們找楊虹去打探一下女兒。那我便去信電台，想通過楊虹聯絡他女兒。楊虹沒有回信給我，但後來知道楊虹真的去探過李清的女兒，也算幫了人家一個忙。現在李清也去世了，我和楊虹也沒有聯絡。她和我素未謀面，但江雪和苗可秀卻見過。有一次我到電台領獎（那次獎了半隻油雞的代用券，其實是吸引你去購物），我下樓時她們剛好上樓。

加拿大一些制度十分特別。我們義工隊除了去護理院，也去醫院探訪。有病人和我們說，他原本是住在安老院的，他現在入了醫院便通知不到安老院。老人家說不出哪一間安老院，地址更加說不出。後來我們憑他描述去找到那安老院，通知安老院人員，和他聯絡。我們義工也會在醫院做翻譯，有老人家要做手術，他如果仍清醒，就必須要他同意，醫生要向他解釋手術如何做，有什麼後果；醫院找不到翻譯，結果靠我們的義工去翻譯，

所以也有些作用。我做義工的機構包括華人耆老服務協會、耆暉會，但做了一段時間便沒有機會繼續。那次因為是流感期，不准探訪，便沒去探，過了幾個月，流感期過了，我們問可否去探，耆暉會說，已有另一個機構去取代了，那便失去了當義工的機會。雖然說是義工，其實是做兩個小時義工之後大家上茶樓聊天常常聊上兩、三小時。耆暉會停止了探訪之後，有些人自己去探。我早已查到誰在哪號房間，可以當是那院友的親友去探那人，之後，再找其他院友。我探過一個長者，過了一段時間不見了他，聽說他去了頤康，我在頤康的活動中果然見到他，便和他聯絡上，繼續探望他直到他去世。我還找到他的靈位；我到他的墳場，由墳場入口的所經路線一路拍照，做了一個方向指南交給他女兒，說你用不著，因你已知道怎樣去，但如果有親友需要，你可以給他們看。其實我想說，你日後忘記怎樣去也有用。

這樣的指南我也做過幾個，那時用數碼相機拍照，但我不懂將相片由相機轉到電腦，要曬出來再scan到電腦，現在連那相機的操作也忘記了。探訪是分一隊人和個別的；個別的叫親善探訪，探到人家說不要找我，就不用再探了，因他已經有教會的朋友和兒女來探他。起初問他要不要義工探望，他說要，來了兩三次他說不用來了，我便又回到中心，問還有沒有個別探訪。有一個老人家我由家訪開始到他入護理院。有一天知道他走了，但我沒有問他的安葬處，因我和他女兒不熟。女兒曾經提議我可帶他爸爸去飲茶，但我們負不了這個責任。在外面如有什麼意外，帶他外出的那人責任很大，所以做做朋友便算，因我自己的體能也應付不了。

我在「康福心理健康協會」參加過廣播活動。當時一些華人服務機構在新春舉辦嘉年華會，在東區唐人街；我也去過好幾年，那裡的特色是會派兩毫半的利是，如果有四百個人入場，也只是一百元，由一間銀行贊助，可用銀行的利是封作宣傳，也不失為推廣。我不是志在要那封利是，只是覺得這十分特別，通常有些人把寫了祝福語的紙條放入利是封內，不會用真錢。嘉年華會內每一個機構有一個攤位，共有20至30個機構，有些設猜謎遊戲，獎品是些柑，價錢實惠。活動在一個學校禮堂舉行，那裡有舞台，有人演講，有唱歌、跳舞、舞獅，有人表演話劇。康福心理健康協會在某一年被邀做一個舞台劇，約20分鐘，故事關於移民的心路歷程，由移民前的十分興奮，到後來見到實際環境後情緒十分低落。

　　我在那裡碰見了謝太，是以前在社區中心機構認識的。當時她有一個現場徵文活動，叫「不再寂寞」。我說一定會再寂寞，就像發燒，醫好了下次也會再發燒，她見我這樣熱心便邀請我當義工，我就這樣開始在康福當義工。那時沒太多人肯去做服務精神病康復者的義工，因怕被人誤會自己也是他們一份子，我則不介意人家看法。我替他們擺攤位，因他們只派出一個職員，或一個實習學生，我便去幫忙。熟絡了之後便問我有沒有興趣做話劇，我說不參加，因排練十分辛苦，花很多時間，其次我不知表演那天能否出席，如果我不出席，便演不成，我不敢保證。但我拒絕了人家之後，又會提出一個建議，我提議做廣播劇，可以錄音，音帶存放著，賣又可以派又可以，又可以做教材。她決定做。我說可以用舞台劇的演員，修改一下劇本，但有些舞台劇演

員不願意做廣播劇，因完成了舞台劇已沒有興趣再做，那唯有找回部分舞台劇演員，部分重新招聘，登廣告招義工。我於是在那裡開始做廣播劇，組成了一個廣播組，但我們並非只做廣播劇，後來還做舞台劇，又到長期護老院唱歌跳舞，娛樂長者。我們亦應一個癌病康復者組織要求，為鼓勵乳癌病人去參加互助會，製作了一個聲帶提供支援及鼓勵她們。我們在聲帶中便扮這些癌症病人或病人家屬；這是我們唯一一次受委託去做的項目。

另外我們又會製作有一些引子劇。當時協會在電台有特定節目，一連四週或十三週，每次由醫生、康復者或社工談一些話題，未開始說之前不想太枯燥，便由我們做兩至三分鐘引子。這種引子劇我們做得不少，我也編過引子劇劇本，但整個廣播劇便沒編過；因引子劇不用編寫結局，開了頭便可。編、導、演我都試過；編，編劇，我未編過一個完整劇本，引子劇也是只寫大綱。我們會用真實個案，因我們並非專業，不能憑空想像，但會改姓名、性別、地點、背景，我也寫不到完整的劇本，只寫大綱，不用寫對白和分場，但也不要緊，能寫多少便寫多少。導，我起初由編劇去到當導演，因誰編的劇本誰最熟悉，後來劇團讓人人都可去試試。有些成員導得比我好，因我放得太鬆，什麼都覺得好。我說我們只是業餘，不能太認真，太認真會嚇怕或激怒那些演員，藉故不回來排練，所以不能勉強，當人家是下屬。我這樣鬆，便不用我導了，但我可以做示範。導演教戲，導演自己扮不到，演員學不到，於是找我來試試示範，試過了便以後叫我去示範了。（其實我不一定做得好，我也是試試而已，之後又讓演員試試，然後大家再研究。）我也十分勤力，接到劇本不管我

有沒有角色，我會自己錄下整個劇，按照語氣、快慢、高低，整個劇本講一次。自己聽後，不好的地方又修改一下，再做一次。錄音我只是給我自己聽，不主動給別人聽，除非有人問，覺得某處困難，我便可以給他們全劇去聽。我不勉強人，但如有人要求我便給他們參考。我只是消閒娛樂，做完了也不理成果如何。

我在廣播組的時候，給了人家很大的鼓勵。廣播組當時是每兩個星期開一次會；會裡有些人比較內向，尤其是那些精神病康復者，他們特別畏縮，常常想我去參加，他們在旁觀察，不參與，不敢發言，不敢做話劇，很害怕。我鼓勵他們，人家說他們怎能去演戲？我說不能上台便不上台，但也要演，只是在會中演給自己人看，目的是在排練時要他們參與，訓練他們有些自信心，讓他們也錄影他們的演出和其他人分享。我有想過分A、B組，A組是正式上台的，B組是只參與排練，但一樣的認真，去鼓勵那些落後的組員。

劇組的人有多專業我不知道，是否在學戲劇或戲劇畢業出身，大家都不會說。我們十多年每兩星期見一次，也不清楚大家做什麼職業，大家都不提私人事，但他們私底下小圈子的聚會內或者會說。成員都是從外面招攬回來的，有些又會帶幾個朋友來，他們自己一個小圈子。通常有新人加入便自我介紹，有些只說名字，有些說來了組織多長時間，越說越少，所以他們的背景我完全不知。有些是精神病康復者，也有三、四個，其中有些不隱瞞自己是康復者，會告訴我們他到某處開會；某處其實是康復者中心，我們門外人也要開放日才可進內參觀。有些像我，遊手好閒，什麼也參加。自我介紹中，也有人說在學戲劇的。即使坐

在一起吃飯聊天，都是吃喝玩樂風花雪月；他們個別相約的小組活動會談什麼我便不清楚。我們每年有答謝義工的聚會，由協會資助一些，我們義工出一些一起吃飯。

那廣播組早已解散了，時移世易。康福心理健康協會告訴我們他們拿不到政府撥款，小組不能再辦下去。理由是我們的工作只是推廣心理健康的意識，沒有提供他們指定的服務，幫助精神病人康復。其實有精神病康復者願意加入我們已經十分得益，但他們不看這點。我們到安老院做，其實都是在宣傳有精神病不用恐慌，也不要用有色眼鏡看待精神病人。但這些服務已有其他組織去做，他們說不如將資源給這些組織繼續做。我們沒能力自己籌款，機構又不會籌款給我們，便不能繼續下去，便算了。現在靠電郵互相通訊，又計劃相約見面喝茶，也未成事。正式是2013年三月尾完結的，其實二月時已收到通知，三月也照樣開會，卻沒有對外的活動。我也發了些電郵，我說樹倒猢猻散，若有興趣廣播組可參加其他的社團，或可以另起爐灶，自己去組織，我這樣鼓勵他們。

自此義工沒有再做，現在賦閒在家，不願走動。我很早已是睡佛，開會打瞌睡，如果廣播組還繼續我也會照樣打瞌睡，醒來又會有些建議，能參與多少便多少；其他人也很給面子，畢竟也有十多年交情。我不介意，到了這年紀我不會主動去爭取，爭取到便爭，爭不到便算，我已不會主動提出做義工，因已不能擔當完整的義工角色，我在廣播組只是餘力，他們當我是顧問式，有活動便邀請我，但不是正式的參與了。後來都逐漸靜下來，活動越來越少。

我喜歡加拿大的生活。移民後連根拔起，香港關係全失了，但在這邊可再種植，重新建立，能發芽的部分便發芽，如社區、朋友新好舊好，談得來的便好。我看得很淡。比較上以往認識的人交情好一些，但都過身了，幾乎就是剩下我。

　　我喜愛加拿大的空氣，但不喜愛這裡太冷和太熱，但這是一個銀幣的兩面。我覺得加拿大其實不是太民主，有騙人成份；未選時十分好，選了又另一回事，沒有完人，人必會有不好的地方。我喜歡加拿大多於以前住的地方；這邊天氣雖然不好，但香港也越來越壞，空氣很差。我對舊日的澳門有些懷念，現在我看YouTube、圖片看到今天的澳門，又變了是大都市一個。我懷念以往的澳門，想回去看看、尋根。1999年我和三弟一起在澳門回歸前回去走走，連我出世的房子也見到；見到又如何？現在連回去也不能了，沒有機會再次回去澳門。

七、家庭（上）

　　我父親叫何天覺（1906-1969），母親叫鄭展怡（1910-1962）。我父親當年是我外公的學生，後來成為他的女婿。他有一個回憶錄錄音，講述他的生平。那遺言是用開放式的錄音帶錄製，後來此種錄音方式不再通行，已沒有適合的機去聽，原本用來播放的機也壞了。我找六姨的朋友轉錄到卡式帶至今已40年，我後來更複製了副本卡式帶派給眾弟妹（註：錄音帶內容附載於本書照片欄）。我父親最初在杉舖工作，後來被一家商行派到南洋，在當地接單，再交帶香港這邊把貨物寄過去，需要兼顧一切帳目、行政工作。我亦記得澳門那時可以合法賣鴉片煙，我父親也曾在賣鴉片煙的店舖工作。抗日戰爭之後在香港當舖工作，那當舖叫「泰安」。初時他對當舖行業無認識，由寫票、接貨、查票，到在櫃面見客議價，一直不斷學習；所以對當舖各職位的工作都很瞭解。我受他的影響很大，到我工作時，每個行業的各個職位我都會找機會去瞭解，例如當年在搪瓷廠，我對每一個部門都去學習和認識，這是從我父親那裡學到的。

　　我父親當年在新加坡工作，我們在香港；星期日我們不用上學，媽媽會時常帶我們到外婆家。她打麻雀，我們順便去見見外公外婆之餘，她自己也可以娛樂。我媽沒工作，是長女，二妹過了身，其他弟妹年紀也差一截，所以我沒有很多年齡相若的表

弟妹們，反而我四弟有和那些表弟妹玩，但他年齡上也屬於大哥哥。我在外婆家問大人很多問題，我問我的舅父為什麼電車這麼硬，也可以轉彎；又問氫氣球有多重；還有我要喝茶，我六姨從熱水壺倒茶給我，在杯中轉幾轉便可以喝，我問為什麼那些熱茶會變涼，我很小時已問這些問題。

我叫我父親不叫「爸爸」，叫「四叔」。我祖父有五個兒子，當時的風氣是子和女分開作排列，所以我對我的姑姐姑媽不太清楚，只知道有一個三姑媽。我大伯二伯很早過身，三伯叫何節民，他的長子叫何思源，第四是我爸爸何天覺，長子是我何思賢，還有一個五叔，據說因為沉船失散了的。可能是我祖母或鄉親長輩，跟照當時的俗例，把三伯的長子過繼給已過身的大伯，所以何思源叫自己父親做三叔，他的弟妹全跟他叫自己父親做三叔。到我出生，又將我過繼給二伯，於是我父親變成了我的四叔，但我仍叫何節民做三伯，不叫三叔，可能大家沒詳細地分清楚。又因為我祖母或者鄉親長輩教我叫我媽媽做「四嬸」，其他五個弟妹也是跟著這樣叫，於是我媽變了四嬸。我向別人說也是說「我父親」，因我從未稱過他為「爸爸」。我過繼後承繼了一間祖屋，回鄉時人家也帶過我去看看。祖屋也有一個大睡房這麼大，可能並非二伯真的住過，只是我祖父分配給他而已，但往日這麼大小的房子已可以做正式房子給人居住。

我祖籍順德良村，良村很小，但有一個有名的水壩。大良是順德縣的首府，我只回過鄉一次，留了幾天。那時剛戰爭過後，可能是1946年初，清明左右時間，我父親帶我回鄉。那時不敢真的回到鄉下住，因當時鄉下有很多大天二，即土豪惡霸。我們香

港當舖有一員工認識在大良的人，可以照應，我們便在大良的客棧留宿。我還記得父親教我，入到房間看看床底有沒有槍，可能人家遺留了，也未必是故意留下害你的。如果被搜出會被捕，我父親吩咐我如果有槍馬上要求職員換房，但不用告訴他們那裡有槍，可以說是有鬼。我那時已覺得十分恐怖。那幾天由人家帶我們白天回到良村鄉下，即日回到大良客棧，不敢過夜。我們去看過我承繼的祖屋，又看過祠堂，我記得在祖先的神位還放有兩張大刀作懷舊性質。

那祠堂當時瓦面已經傾側，像快要倒下似的；人家說有錢便買條鐵柱支撐一下，但我們都沒錢。另外我看見有其他祠堂已被人拆去很多材料，只剩一片爛地，雜草叢生。另外鄉親也帶我去看「烏豬乸」，那其實是一個墳頭；我父親說這是我們大太公的墳，就是從北方遷到這裡開村的那個人，在祠堂裡也有他的牌位。墳內其實什麼也沒有，衣冠塚也不是，只是象徵式的；立在此讓族人春秋二祭拜祭。因大太公過世時身在外地，不知是做生意還是從軍，客死異鄉，衣冠也沒留下。後人便立了這個墳記念，叫它做「烏豬乸」，是因為用的石灰物料日久變黑，像一隻豬乸躺在那裡。

那時我們回鄉坐的載客船（名叫「渡」），由小電船拖著，到了碼頭便要「拍拖」，即把「拖」著的小船「拍」著停下。那時電船泊碼頭沒有煞停的功能，而是在船後吊兩個竹籮，要減速便拋它們下水，功能像錨差不多。我還記得旅程中我們吃得不多，東西又貴；我和父親二人在渡上買一份飯餸，自己帶了碗和筷子去分吃。我父親當時因為和平了，可以帶兒孫回鄉，便帶著

我回鄉，又希望我日後可以帶我的兒孫回去。但我就是唯一那次回去過。我知道鄉下還有一些疏遠的親戚，有一個叫「黑鬼威」，因他的媽媽是南洋那邊的原住民，所以他真的是有黑人血統的。

說到我的父母的日常生活，我母親愛打牌，我父親不甚愛打牌，間中只是為應酬才打。我父母都吸煙（但母親在日佔港前已戒），抽煙在當時十分流行；父親有喝酒，但不會喝得大醉。

我父親也賭錢，在「泰安」打十三張。完了去吃宵夜，著我打電話到隔籬飯店叫叉燒飯，又問我要不要。我說不要了，他說要吧，會便宜一點；我問為什麼？例如當時一碗叉燒飯八毫子，我父親說我這碗叉燒飯就貴了，因我輸了五元，我這碗叉燒飯便是5元8毫，如果你吃只是三元三而已。那時眾人都笑了，我說還是不吃了；所以我記得我父親賭錢，又會跟我說這種笑話，玩數字遊戲。那時我已中學畢業在找工作，在香港做「臘鴨蟲」，即是過年便去人家家裡吃便宜飯的人。因過年會吃臘鴨，臘鴨上有時會生蟲，所以臘鴨蟲即比喻專去蛀臘鴨的人。我也從我父親那裡學懂不用分尊卑，不要介意自己什麼地位，你如果能和那人說笑，便會頓時關係親密很多；所以我會和我孫女玩數學遊戲，她們會以為可以戲弄我，但我也沒有給她們戲弄到。

我在南洋工作時和我父親書信頻繁，雖然兩人面對面時不顯得太過親近，但書信來往中我們有很深入的交流。他教曉了我很多東西，尤其是在香港當臘鴨蟲的時候，我和父親分上下格床，和他相處的時間很多，也學了很多東西。我當時剛出來工作，他教了我要給人家面子。他沒有直接地教我，是我從他言語中領悟

出來的。我那時在香港人民入境處當小職員，負責發身份證，午飯時和同事到茶樓。當時一碟飯收八毫或一元，點心是三毫。那天有一款新出的點心，我點了一碟吃。我的同事在隔鄰桌（那時不夠位置，大家只能分開坐），他想我也請他吃一碟。我說好，他便叫了一碟吃。結帳時大家分別放下自己吃的份的錢，我在他那邊放下三毫子，因是我請他吃的。回家告訴父親，他說我沒做錯，但做得不夠好。他沒說我不對，因這樣說很傷感情，但是我現在也明白這樣做是不對的。我父親說我應該把同事那隻碟放在自己那堆碟中，就像自己吃了兩碟。現在我的做法就好像我給你錢，替你結帳，有施捨的意思。如果把那隻碟直接拿到自己那邊，便得體得多。

我和父親關係密切，還會佔他便宜。我每月出糧都會買一條煙給他，但每次抽煙都從他那裡拿，一般都會拿多過一條煙的數量，變相抽他的煙。我當時要付家用，可能因此我想辦法去取回我一些利益。我父親要求我拿出一半的月薪用作家用；其實我當時沒什麼開支，主要是交通、午膳，而住、吃都在家，即使成了家有兒女，養兒女的開支也是從家用去取。如果我這個月沒收入，也不用付家用，其實「福利」算很好。我三弟到非洲工作，沒在家食住，他仍然堅持交一半收入作家用。父親說不要，但我三弟說要養成交家用的習慣。那時他入息的確不錯，我父親便把他的家用儲起來，收取利息，準備在父親過身後交回給我三弟，因三弟在非洲的時期，始終也沒享受過什麼家庭福利。父親還有一個規矩，那時我已成家，我一樣是給一半家用，太太的私人使費、兒女的開支便在家用裡去取，但太太賺的錢則是全數歸她，

不用上繳，至今這個習慣仍然存在。有句說話叫「三個錢油繡兩個錢花」，古時男主人不想家中的女人如太太、媳婦躲懶，日間做飯、做家務，晚間有時間，可以做繡花、繡鞋面賺些外快。如果你的繡花賺到兩毛錢，但用了家裡三毛錢的油作點燈用，即公家貼了錢給你去工作，公家也不會介意。我們家隨家中女子的選擇，可以不工作，但也鼓勵她們工作，讓她們保留賺回來的錢，不用交家用。

我一直沿用這個規矩。我太太有段時間很熱衷織毛衣，到平價市場買了很多平價的毛線，織了很多背心，還花了錢去配鈕扣，但穿了幾次便全捐去慈善二手店。我也隨她喜歡，這是她的娛樂費用。我們的財務分得很清楚，應由家用支出的，我必不會從她那裡去拿，即使是一元半塊。那天到茶樓結帳是41元，我沒有一元，她先出了，我回到家從家用還給她。

我為什麼不賭錢？因我曾經把全副身家輸光，已死過一次。像人家問我為什麼不生氣，我說我已氣死過了，不會再死第二次。那時大概是初中，我們住在一列排屋平房的二樓。澳門賭場是要持牌的，那牌照費很貴，所以其他人不准開賭。但每年的年初一至年初三牌照公開，隨便都可以開賭，有人找來些碗、碟、骰仔，鋪一張紙便在街邊開賭，專謀小孩子的利是錢。我去賭，輸了一次又一次，回家拿錢，到最後全數輸了，回到家整個人呆了。我父親問我：為什麼不去買炮仗燒？不去買東西吃？我說不去；他問：你的利是錢呢？他從來只會引你說，不會逼你說。我說輸光了。我父親說：輸光？輸一些罷了，你可以再拿錢去再賭回本呀。他就是這樣不會責罵你，使你會坦白地說話。我說全沒

了，他說：不怕，能輸即能贏，我給你本，你輸多少，我給你多少去追回來。我說不敢了。其實如果當時我說好，我不知他會有什麼反應，會如何去教我，但我拒絕了父親。我說再輸了我怎能還給你。父親說：那可以再借；他繼續引誘我入去這陷阱，我說不行，這樣行不通的；我父親說：賢，你走運了，你能及時醒悟，如果你遲些才醒，你已陷入那個無底深潭。他也可能有同時說他也賭，但他有節制，因他不能說他自己不賭。他對我說：你現在已輸光你的所有，你以後不能再輸你的身家了。意思是以後你可以賭，但不能再輸身家；意思是你已死了，不能再死。他教導的一套我覺得真的十分高境界，從此我真的沒有再賭。我很多做人處事方法都是從我父親身上學到的，並且終身奉行，時時警惕。

他也教曉我怎樣把重要的東西放好。到現在我也會把重要東西集中在一個地方，如一個小盒子；如果那東西太大放不下，便放一張字條，寫著那物件的所在地，這是我父親教我的。他說第二天如果出門要帶什麼怕忘記，把它放在鞋內；如果那東西太大放不下，便用衣夾夾著一張字條，那就一定不會忘記，因為有衣夾的鞋肯定穿不了。

我父親也教曉了我有些不能阻止的事便去疏導。我在香港屯門一個由魚市場的舊屋改造的地盤辦事處工作，那屋頂是鋅鐵造的，那裡漏水，因為日久失修，但那裡不會再維修，因施工完畢便會整個拆去。我們起初用搬的方法，那裡漏水我們就搬，連寫字檯也要搬。我說不能這樣搬來搬去，太混亂了；我們地盤當時有很多布，一匹一匹的，有紅白藍綠不同顏色，用來做些顏色

旗、標誌給掘泥船和測量時定船位看的;每一桿有幾枝旗幟,不同顏色代表不同數字,而且最頂的旗不可以用白色或者黃色,知道顧忌之後,以後每桿最頂的旗幟都全用紅色,紅色置之不理,相安無事。我們把布撕開成一條一條,哪裡漏水便釘上去,引水歸源,引導那些水到一旁。這就叫輔導,你硬要抵抗抵抗不到,倒不如帶一帶他,這是我從我父親處學回來的。香港有一份報紙叫紅綠日報,屬軟性色情報紙,近乎三級的,還有些妓女廣告。一般正經報我也不會花錢買,這種報紙更加不會,但也有機會看到。那時「泰安」的高級職員會到茶樓飲茶,會買兩份報紙看,看完可以在門口攤檔換另一份拿回來。我父親說那些看過的舊報紙到晚上會幾份夾在一起當一份賣,所以看兩份,看完放回那兩份再拿一份走,就合共看了三份。那份報紙拿回來會放在夾萬頂,其實什麼報紙種類也有。我當時做臘鴨蟲,我父親沒有叫我不要看,他說你在我面前不看,當我走了你便會偷偷拿去看。他叫我在他面前看,還逐段介紹給我,說這些東西你要看要知,你信不信、照不照那樣做你去決定。我也利用這個方法去教我的夥記。我帶他們到澳門,他們全已年滿18歲,可以出入成年人場所,甚至那些黑市的也沒有年齡限制。澳門有生春宮,即真人演出的性交場面,比在香港較公開,可能澳門警員受黑。我讓他們知道有這種場所,要在他們未知的時候已告訴,否則待他們發現了就會自己去。我說這裡有生春宮,你要去也可以,你也有能力買票入場,但看看可以,千萬不要學;我說這些是特技來的,就如空中飛人、吞劍,不是你們可以學的。我就是交帶到這裡,所以我會用引導的方法,抵抗是抵抗不了的。

我父親1906年出生，比我大24歲，大家也屬馬。2006年他一百歲冥壽。在2007年101歲冥壽那年，我三弟想各兄弟姊妹在溫哥華聚會一下，坐下來談談父親往事，像追思會的形式。我當時健康狀況已不宜遠行，不能出席。我雖不參加，我也錄了音帶談及我和家父的故事，他如何教我，我如何幫他。那是專為他冥壽錄製的，像人家不能出席什麼會、典禮，便做一條視頻代替。

　　關於母親，我有一個故事發生在我弟弟和我母親之間。一天我其中一個弟弟放學回家，給我母親說了一大堆在學校的事情，有些不合常理的地方；我弟弟問母親：你聽得出我在騙你嗎？我母親說：我聽不出的。我弟弟說：我可能現在在騙你的。我母親說：那我便信你了。母親這句話十分厲害，她這麼一說，你便真的不敢去騙她，而她也不生氣、不發火，我便學了她這方面。

　　我在香港工作時，會依附我的四姨，有什麼便找她傾談。當時我母親已過了身，我母親其實也不懂我的生活問題。我四姨告訴我，我是成人，我可以喝酒，但要記著我有責任。什麼責任？有家庭責任，如果你未成家，也有做兒女的責任，你不能飲醉，給別人添麻煩。這是四姨教我的，不要給人家添麻煩。說起四姨，有一次她臀部長了個瘤，在她當高級護士的那打素醫院留醫，一住十天八天。她寫信通知我，那時一星期有兩班飛機來回香港和南洋，那時我經濟好些，不像以往給父親的家書，像寫Newsletter一樣，有什麼特別事便寫下來，待到信件有差不多重量便寄出，以免浪費郵費。我給四姨在醫院那時是一日一封郵簡，郵簡比較便宜，給她說說生活的事。四姨在病床上，她那時是護士長，也是舍監，那些護士學生用銀托盤托著我的信送到她

的床邊。她們看到有個何某人從南洋每天寫信過來，因幾天才有一班航班來往，所以一次來幾封信，惹人誤會是男友的情信。我其實沒有刻意製造這個誤會，只是當時有的是時間，隨意從給我父親的信上抄些內容寄給四姨，作為消磨時間的娛樂。

我是長子，沒有看著弟妹一個個出生，但有一天放學回家時便多了個六妹。當時我們住在藥材店樓上，只是租了一個廳，用鐵線、布帳間開幾個空間。我不用照顧弟妹，責任都是落在二妹身上。說到和弟妹相處，我和最年幼的六妹（相差12年）打架，我必是輸的那方。有一次（已不記得起因）我和她各執一詞，她一蹲下大叫「阿媽！」我已經馬上飛奔逃離現場，因全屋那時只有我和她兩個孩子，我當然走為上著。所以和弟妹相爭，我總不會贏，至於我有沒有和弟妹真的打起來，我便記不起。

我們兄弟姊妹的名字是有來由的。「思」字是跟我父親兄長下一代的男嬰，可能是我父親決定這樣去跟，但不會是我祖父的決定，因我祖父早已不在。也不會是祖宗定下來的，即使是也可能只是定男的名，女的就不是跟家族。我三伯的女兒是以「貞」排，我的妹妹是以「婉」排，這可能是父親所定。我叫「思賢」，三弟「思豪」，意思來自「聖賢豪傑」，但父親不敢稱他的子女為聖，要他們當聖人，只想當賢人、豪傑。後來四弟出生，沒有叫「思傑」，因當時是抗戰，有個典故叫「揮戈退日」，揮、撝二字互通，便用了撝字，「思撝」，意思是揮戈退日本。我對自己的名字沒什麼感覺，沒有喜歡不喜歡，叫我什麼都可以。

我們六兄弟姊妹，大的三個叫大鬼，小的三個叫小鬼。因

三弟和四弟相隔三年，所以分成了兩組。我們喜歡辯論，到現在也會有，而且可以頗激烈。五妹是發言最少的一個，但也是最堅持的一個。我們繼續堅持自己的看法，也不影響感情。以往一家人在家也是這樣你一句我一句，可能其他弟妹見我能說話，父親母親也開放，所以我們暢所欲言。我與兩個弟弟時會有爭辯，最近在電郵為一個字更改討論得很熱烈，我今次沒有加入，搭不上話，沒有回覆，但又不會叫他們不要傳來，如果不傳來也不會特別去追問，總之十分淡。可以加入討論時我便加入，我不是拒絕去加入，但不勉強，能說幾句便說幾句。其實說我們三兄弟，比較起來我是有點自卑的，他們兩個的成就都不錯，各有所長，一個攝影一個寫詩，我什麼專長都沒有。

我從沒見過我的祖父，因我父親很年青時便喪父。我也未見過我的外父，他在我結婚前離世。我外公是中醫，在鄉下也當過教師，後來他的學生成為了他的女婿，就是我父親。我外婆是紮腳的，但後來放腳，所以她的腳很醜，走路慣了也沒什麼。外公只有一個兒子，排行第五，是我的舅父。

我祖母死的時候是在我護理之下的。她在眾子孫中選擇住在我家，我沒有問題。起初她是住在我父親家，她那時身體也健康。後來病重，如果入醫院十分淒涼，打算在我家過世。有人告訴我們要找西醫去看看她，否則死後要剖屍檢驗死因。我便找來一個專看病危臨終病人的醫生，叫陳添壽，請他出診，來看過她，知道是老人病，照開藥，變了有病歷紀錄。如果隔一會未死還要覆診，如果過身了，他便不再來，通知他他便發死亡證明給我們。最後我祖母在我家過身，九十多歲，屬笑喪。我當時去負

責領死亡證。

記得我女兒其敏小時候坐學行車時，在家四圍走像坦克車。我祖母在吃蛋糕，她衝過來想搶，差點撞到祖母的腳，後來用繩連著女兒的學行車，讓她不能撞到我祖母。我祖母沒有紮腳，似乎是妹仔出身，我也未見過她抽煙。

我外公當中醫，我記得他的住所（二樓）有個大招牌寫著「中醫鄭樹帆」。我外公也曾做過卜卜齋老師，教過我父親三年。他當中醫，卡片有地址電話。很多人不想讓人家知道家裡的電話號碼，怕被騷擾；又不肯給人家地址怕人打劫，我說打劫就不用知你是誰。我父親說不用擔心的，因做中醫必須公開這些給病人，其他資料就可以不用寫。

我外婆先過身，我外公再娶，那時候是由他女兒去穿針引線，在鄉下找一個人服侍他。二人相差30年，我們也叫她阿婆，她後來進了長期護理院，我也曾去探望過她，也很親切的。當年如果你找人服侍老人家，如果無名無份，很難服侍，如果你是那人的太太便方便些。她在鄉下可能較窮，也可能是寡婦。我外婆過身時我外公和我父親負責，我外公過身時我便要幫忙。我曾經做過「鄭先生」，又做過「楊先生」。一個是我母姓，一個是我太太的姓。我外公死時我約十六歲，我幫忙做跑腿。我父親是大女婿，要負責辦喪事；我是他助手，幫忙通知那些中醫公會，肉行公會；他們都以為我是他內孫，我也不去解釋。在汶萊工作時，我的護照上有太太的名字，那些馬拉人看見又以為我姓楊，我照回應人家。有次發了一個軍營出入證給我，寫了我太太的名字，我去找那馬拉沙展，他大為恐慌，驚覺犯了大錯；我說你們

每月要更新證件，你下月改正便可以，這個月大家便算，我也扮傻看不懂便可。如果被發現我大不了就不去上班，錯了也不關我事。

那時為我外公的喪事做跑腿的只有我，我的表弟（外公的內孫）只得幾歲，我舅父是孝子，也不便做什麼雜務。但做跑腿便十分忙碌，經常在外，沒機會回家吃飯，但我仍然有飯吃。每次接受任務出外，先辦事，辦事後不回家，在附近吃碗臘腸飯、叉燒飯，然後才回來，家人還以為我未吃飯。我有先見之明，知道回去後可能馬上又要出外，所以先弄好肚皮，才方便辦事。

外公是在家中去世的，他住在二樓，要搭棚把棺材運到地面。我那時和父親研究過，說日後大廈越建越高，到四樓怎辦？原來他們照樣搭那長梯，阻著地面人家店舖的門口，政府又沒阻止。與其要阻人家幾天，我想有沒有可能做一架吊車，把棺材從窗外吊下去。

八、家庭（下）

　　我1959年3月21日和楊倩儀結婚；1960年1月1日我女兒出生，這叫洞房春，就是在結婚當晚成孕。可以推計出來，（減3個月加7日）即12月28日是預產期。3月21日是我們擺酒的日子，正式註冊卻是3月11日。人們通常喜歡註冊擺酒在同一日辦，但我嫌太趕太多事情擠在一起，於是3月11日預早註冊，不通知親朋戚友，由我舅父當證婚人，女方則由我太太的兄長作證。那天簽了字便各自回家，到十日後再擺酒宴客。我的結婚戒指是白金做的，本來是圓形，後來變成一邊是平的，因我在南洋經常開車，圓形被壓成一邊平了。

　　我太太是由她嫂子介紹的，就即我在汶萊認識的高佬楊那家人。我幫他們看孩子，他們覺得我可靠，沒有不良嗜好，後來她的姑仔（我後來的太太）從大陸到了香港，他們也回到香港，她的姑仔幫他們看孩子，便介紹了給我。我第一次見她是她來接飛機，之前並不認識，只靠我父親在香港「代客拍拖」。那時介紹了之後，我倆以書信來往，我太太也大膽到「泰安」找我父親，我父親又會帶她到澳門行白鴿巢公園，用這個方法互相知道對方的一些事。另外，我三弟當時在紗廠工作，也見過她，我卻未見過。我三弟透露了我一個最重要的事實，就是告訴她我不吃魚，如果她介意便不能成事了。我和她書信來往時，曾託她寄些書給

我，請她寄紅樓夢、三國志等，我約略看過。以後移了民，也託過我的六妹寄這些書給我，我很想看這些書，但沒有心機，最後送了給人家。她可能以為我很愛看書，但其實我最喜愛看的書是相學書，因我認人很差。我找到一本關於相學的書，我不是想學預測運程，我只是想學那些不同的五官形狀特徵。因我見過一個人之後，雖然認得那人，但永遠說不出他的特徵。我常說如果警員要我拼圖緝兇，我是不可能說出那人的特徵的，但我看了那些書也學不到，這方面一點天份也沒有。

我們自從那次在機場見面後便開始交往，約一年後結婚。那時大家交往頻密，因大家都已知道對方不少事情。這是我頭一次拍拖，之前不清楚有沒有人追求，但我很會拒絕，不知、不管，轉身便彈開；我覺得麻煩，又有點害怕。我萌結婚的念頭是因為兩個妹妹都出嫁了。我三個妹妹結婚我都不在場，而兩個弟弟結婚我則做代理老爺，因父親已去世。那時我的位置叫一日老爺，那一天我是親家老爺，所有禮的來往都是找親家老爺，是我負責的。我也沒有追求過女孩子，可能當時荷爾蒙還未發展，完全對異性沒有感覺，人家追我我便驚，人家來追求我我就把閘拉上。

我太太是師範畢業的。她唸完小學，可以升初中，但如不升初中，可唸3年初級師範，或者叫做鄉村師範，完成後等同是初中程度。當時中國缺乏人才，就讓他們那些畢業生教小學，但初級師範內容與初中有些不同，唸完後不能上高中，我還取笑她，說她對兒童心理學應有些認識，但教導兒女我似乎比她在行。我太太也懂英文字母，她的中文字十分漂亮。她家境曾有興衰，她父親曾經在不同時間共有四個太太。我結婚時他已去世，但婚禮

上有兩個外母，我外父做什麼我不太清楚，可能和建築有關，他的下一代都是做建築的，包括我太太的四哥（高佬楊）在國外唸過工科，懂畫則、計數，到了汶萊公務局工作。我也有一個舅仔在廣州，也努力唸過英文，能看懂合同、條款，爬得頗高級，所以視乎你是否好學，和有否機會讀書。

我太太做過很多工作，有在家串珠、做手工，又在廠做過製衣，在酒樓洗碗傳菜。打地蠟也做過，那時是幫我下屬的下屬，我吩咐我下屬不要告訴人家那是我太太，否則人家會對她特別遷就。我囑咐他照樣給她工作，我巡到時會循例望望，我不會和她打招呼。

幼時家務是二妹做的，結婚後有工人，沒工人時便老婆負責，子女沒做家務，我也沒幫手，但粗重功夫如換燈膽當然由我來。孩子童年的事我印象模糊，已記不起誰照顧小孩。我有段時間在外埠工作，一、兩年才回家一次，我記得我女兒小時候聖誕節寄聖誕卡給我，同事都很羨慕；我又說反話，說是用我的錢來寄給我。我很會這樣，好的事也有不好的一面，正如壞的事也不一定沒有正面的元素，看你從哪個角度去看。孩子來接飛機的時候不認得父親，十分陌生，大家要重新認識。如果有選擇，我過埠工作是無所謂的，過埠要離開家人，但我覺得無問題，當時的男性對家人子女不會太親密，主要是在外謀生，哪裡有工作便到哪裡，沒有分別。

我女兒和兒子的名字是我父親改的，好像是給我幾個選擇讓我決定，其中有一個我叫別人千萬不要用：就是「何以故」，那是一個佛經的常用語，如果不避忌佛經，用來做筆名也不錯。

管教方面，我沒有特別坐下來教他們什麼，但在生活上教曉他們很多道理，這和我父親教導我的情況類似。

　　我記得我的兩個孩子打架，兩姐弟相差15個月，但男生氣力好些；那次我太太不在家，那時亦沒有禁止獨留子女在家的規例，我下班回來，看著他們打架，在地上滾，我便把腳縮開退避，沒有干涉。他們倆一起齊聲問：你為什麼不理我們？我說如果有肉體損傷，我便會去處理傷勢；他們說：那你不會去評理誰是誰非嗎？我說：我如何知你們誰對誰錯？我說由你們自己來解決。

　　我在家不說粗口，但有一次我跟同事談電話，給子女發現我講粗口。我便教導他們我和同事是要這樣溝通的，也順道教他們什麼場合用什麼語言。教導子女起初要教導他們不說謊，之後要教他們說什麼的謊，但這要等他們長大一點才可以。

　　我又記得給過我女兒一巴掌，那次之後便沒有再打過。我記得她那時戴眼鏡，我先拿開她的眼鏡才摑過去，因不想打爛眼鏡。我可以如此冷靜，即是這我不是一時之氣，而是要去執行的體罰。

　　另一次，我女兒當年大約是中四升中五，她告訴我升不了班，想轉校，轉了便可以升班。我反對轉校，我要她重讀。她怕被同學嘲笑，丟臉子；我要她承擔後果，我說即使讓你在另一間學店升班畢業，那你只是從一間次等學校畢業；但你留班，至少可以在一間有名的學校畢業，出來社會時分別很大。你要忍受只是一年的留班，而且如果你日後想升大學，你在那學店畢業必定沒有希望。我又說留班不羞恥的，我也留了三年；我亦不責怪

她，說由現在開始努力便可；鼓勵只是一些，但重要是讓她不自卑。我平日沒怎樣監督他們的學業，而且只能督促數學一科。我太太在我父親過世前沒有工作，但之後便出來工作，那時孩子也大了一些。是我督促我的孩子洗澡的；可能是太太當時出外工作，晚上很晚才回來，這個工作便由我負責。我教的都是很實用的技能。我們是用浴缸的。當時住在永豐街，浴室很小，但我可以找來一個四呎長的浴缸，成人用會嫌很短，但孩子洗澡沒問題。我這麼捨得花錢，是因為我洗澡可以同時浸腳，不用另外用盆。此外，制水時，浴缸也可以用來儲水。我也可以在我的睡房狹小的空間放了我的寫字檯和我太太的梳妝檯。我沒有教我的孩子理財，反而我父親有。那時我父親叫他們幫手淋花、採骨，給他們工錢。我沒有和孩子說故事，因我不擅長，工作關係也沒這麼多時間。到照顧孫兒時也沒有說故事，第一是我太太哄她們睡覺，第二是我不敢說故事，因我不知道她們的父母的方向、價值觀是什麼，有可能教好也可以教壞，我便讓她們父母去教。

　　我女兒年青時說想抽煙，我說可以抽我的煙，在家抽，外面就不要抽。她抽了一口咳得厲害，便沒有再抽。無關生死的我會讓她試，毒品就不行。飲酒也試過，她跟我說她想喝酒；我說可以喝我的酒，你如不想喝我的酒，想喝其他的酒，我可以去買，但要在我面前飲，飲醉了我會替你處理，喝到嘔我替你善後，你如果嘔得髒亂，我替你換衣服，拿你到浴室洗澡。意思是你如果在外面喝醉，就會有其他人替你換衣服洗澡，讓她知道後果。我說你儘管去飲，還鼓勵她試試喝醉一次，她不肯，那便放心，這便是我教子女的辦法。

我女兒當年替很大的電腦公司老闆王安工作，二十多歲一個女孩子在國內帶著幾個內地秘書。我女兒不是正式唸秘書出身的，是逐張證書考回來的。她十分努力，速記、打字、存檔，全部都去上課。後來她在一間投資公司上班，公司是五間銀行合資的，長駐深圳，專門借錢給大陸新興的工廠。她上司是日本人，她亦與上司太太關係很好。我兒子畢業後在AT&T工作，後來AT&T被收購了又改了名字，從美國調他到香港再調到北京。

　　雖然我的兒女有成就，但我覺得不是我的原因。我是有教導他們，但最大的原因是他們自己的努力。正如他們如果學壞，我不用太自責，可能我的確曾經有所疏忽，但最大的責任還是他們本人；所以在這些事就不要太認真，便自然輕鬆；有些人太認真，像我太太凡事都掛心，我則不會；已這麼大，還掛什麼？如果他們真的出事，我也不能做什麼，只能善後，掛心也沒有用。他們或許會來問我意見，我說過便算，也不跟進他們有沒有做、結果如何，就像菩薩，你來問我便應，但你有沒有做，我不去過問。很多人問我的意見，但我卻不去刻意記著，這更好，你不去追問他們，他們便會再來問你。如果你每次追問結果，他們或許不安。像香港政府醫生，你來找我便看診，你不覆診我也不會窮追。

　　我帶兩個孫女時給她們的玩具也頗特別。這在我教養我的子女時已是這樣。玩具不是不能玩，但要玩便玩真的東西，而不是玩玩具。如罐頭刀，人家說危險，我說其實並不。當年如果我太太不在家，我做飯給子女吃；但如果我也不在家，便要子女自己做飯吃。煮飯可教他們用電飯煲，做菜便要吃罐頭。我這樣教他

們：我女兒較幼小無力，便坐在小凳上，用腳夾著罐頭；兒子用布包著罐頭刀，用錘打在罐頭刀，先在罐頭上打開一個洞，還教他們第一錘不要太大力，怕姐姐受傷；之後便二人合作一個用手握著罐頭，一個用罐頭刀開。學懂後，做飯時便要他們負責開罐頭。另外我也會把十元紙幣放在桌上的玻璃底下，平時拿不到；但重要的時候如急需到街口看醫生，我又未下班，我教他們用螺絲批撬開玻璃拿出來。所以我教的都是用實物，和有實際用途。到了孫，那時在美國的孫女要玩電腦，我對我兒子說買一個大一點像真一點的給她，不要買太稚氣、功能太簡單那些。我兒子說那就乾脆給她真的（那時他在電訊公司工作，公司一大堆舊電腦）。我說好主意，要玩便玩真的。到我自己帶我的外孫女，我說：我送條彩虹給你們。哪裡去找彩虹？教人家教小朋友，我會叫他們教的東西必要比小朋友在學校學的早，如果他們在學校已學了你才教他們，他們便沒有興趣了。我在我孫女學校未教折射的時候便去一元店買個噴水壺，在她們屋前的車道（driveway）背著太陽噴水，彩虹便出來了，結果她們玩到全身濕透。我又在一元店買了個地球儀，很小，但比例很好；上面印的地方資料不多，卻可以看到香港、北京、多倫多；我給她們解釋她們的父母、舅父的出生地、居住地，讓她們有個概念。你要比學校快一步教地球儀，那你便有價值了。

我不覺得自己偏心，基本上我從小也不會重男輕女；只是性情、處事方式男女會有不同，但各有長短，我是一視同仁的。體罰方面我會這樣罰我的孫：我會用報紙捲成藤條的樣子，打起來會痛但不是很痛。我教人家打孫，但不能打兒女，因這邊政府會

把你兒女拿走。但打孫不要緊，因有四個祖父母，輪流打輪流受罰沒問題，所以打孫是可以的。這其實是走法律罅，父母不牽涉在內，所以父母沒事，可以繼續見仔女。但這其實說笑而已，通常人家不捨得打孫。

另一樣我教我的孫是好手尾。手尾對我來說是「首尾」，即是有頭有尾，你開了頭便要將之完成。我現在腦退化已變得冇手尾，常常把工作放下便忘記去完成，或常做的事做了一半，忘記下半截；所以我常常放些東西在特別的地方提醒自己，但有時連這警號也看不到。我是這樣教好手尾的：孫女們玩了一個上午，到了睡午覺的時間，我就給她們一個紙箱，要她們把玩具執拾才可以睡。但我太太卻讓她們去睡，之後她自己在執。我沒作聲，待孫女們睡醒，我把玩具全倒出來要她們執拾，小孩子當然不肯，但我不管她們哭鬧，捉住她們的手要她們執，也和她們一起執，總之執好才可以再去玩。我把我這兩個孫女訓練到十分有手尾，到了學前班給老師讚不口絕，可惜不夠一星期，她們已被同學教到她們沒有手尾了。

我的孫不會向我刁蠻。我以前和她們一起逛一元店，如我想買東西給她們，我說：這是我送給你們的，但你自己想買的我不會買，你回去問爸媽買。我不會讓她們有機會撒野，她們知道我的底線，不會超越，但也不是因害怕我而聽話。

另外我可以讓孫哭，孩子的父母會不忍，作外祖父的我卻可以。我接放學，細孫在課室門口躂地（賴在地上撒皮），我在一旁冷眼旁觀，老師問發生什麼事，我說她在哭鬧，不肯走，不知她要什麼，老師叫她停止她也沒停，老師便離開，我也不理她，

待她哭完了，問：哭完了沒有？哭完便走吧。我還落井下石，說：如果未哭完，你喜歡可以哭多一點，但要快些因為一會兒到了門口便不要哭了。結果最後便沒事了，我是可以這樣做的。另外我也開車帶她們到圖書館，她們用自己的借書證去借書，如果過期還書罰款是我女兒的事，孩子的父母要負責。回家後我叫女兒給她們一個紙盒，專門用來放圖書館的書，集中在一個地方，不要隨便放，否則會丟失。賠錢也不是問題，但就不能養成有手尾的習慣。你要給她們一個方法，不能只空談要有手尾，要教她們如何去做。

我對我的兩個仔女有點用佛家的一套，沒有規條，要犯了錯才有戒條，即是見招拆招。我沒有一套計劃去教孩子要學什麼，見到你沒手尾便教你有手尾。到現在他們已長大成人，也分隔頗遠，接觸不多；我女兒一星期才來一兩次喝茶，大家客氣聊幾句，有些想問的也可能忘了問，到我女兒走了才記起；所以看不到他們不足的地方，便不能對症下藥去教導。對他們現在的狀況沒有什麼滿意不滿意，一切都可以更好，但亦不用要求更好，可以好的便好。這是我現在的心態，一切看得很淡，你可以說是懦弱、不進取，我沒所謂，過得去便過。

九、雜錦

小時候

　　我童年時沒什麼玩具，因物質缺乏。童年和其他小孩差不多，活動範圍都是家和學校。

　　我小的時候有夢遊。那時是1939－1941年左右，我們在香港住，未開始太平洋戰爭，媽媽起初不知是什麼回事，以為是祖先上身，問我是不是我祖父。我自己做了什麼、去了哪裡也不知道，然後被摑醒，之後又回去睡。後來有人告訴我媽不要摑醒我，解釋說這是夢遊，摑醒了變為不醒，會停留在那個狀態中。是真是假也不知，是人家告訴我的。現在連夢也不發了，以往會發夢被人家追，有困境，但從來沒有夢見父母。

　　我說我好學、好奇；日本侵略時在香港，學校停課了一兩個月，後來通航能過澳門時我們也離開了。期間我在家看書，看清宮秘史，即野史，是我父親放在家的線裝書。若我要上學、遊玩，便沒時間看；那時不能上街，於是我找出來看，從中也知道很多東西。我記得看到有關宮女和太監對食的描述。在劇集、電影也會有這樣的場景：宮女是正常女性，可以有家庭，生養孩子，但環境不容許；太監不能，因已閹割；就讓他們兩人共同生

活，熟習一下類似的家庭的環境，將來太監退休了離開皇宮可以依附姪，有些就乾脆娶妻，即買個女人回家服侍，做家頭細務。宮女就外放出來可以去結婚。對食是兩人各領一份食物回去相對進食，讓他們聊聊天。我又聯想到另一回事，我想那會帶來不好的後果。宮廷為什麼這麼多是非？就是一個太監從甲宮殿聽到消息，再和乙宮殿的宮女相交換，之後各自再傳給各人的夥伴，那是非散播便不得了的廣。

我不太喜歡看電影，以前看電影頗貴，很隆重地才去看場戲。我有一個六姨在香港，她沒有子女，在診所做護士。僱主是生育科的專科醫生，教人如何成孕，病人裡有很多有錢人。我的六姨有時會休息，我問六姨為什麼休息，她說因為醫生休息。那天是賽馬日，我以為醫生好賭，原來是那些闊太的老公去了馬場，太太便做了「跟得夫人」，沒來看診。六姨經濟能力比較好一些，她到澳門除了探我們，還在綠邨電台唱粵曲，那是一個特約節目。她來時放下五塊錢作為手信，交帶最大的我帶弟妹去看電影。當時六個人可以只買兩張票，然後一個大人可帶一兩個孩子進場。我們買最平宜的，一張四毛錢，可以看多次。當時用了那五塊錢看了不少電影，但也可能大家商議把錢去買雪條、鹹欖之類；最後掌權的是我，但我也聽取意見的。就是這樣看多了電影，連國語也在那裡學的。當時以國語片為主，另外有人爬上去解畫台講解的電影我也曾經看過，是那些名片重演之類。我的國語不好，更是日久生疏，但我到了北京照樣說，也算說得通。有人問我我的國語在哪裡學，以為是有補習學校，我說我跟師傅。問：誰是你師傅？答：李麗華。問：你認識她？答：不認識，我

只看她電影而已。

下棋，我懂象棋但不精，是父親教的。小時候捉鬥獸棋、軍棋，軍師旅團營連排，也懂規則。我記得和比我小五年的三弟捉鬥獸棋，他在唸幼稚園，那時在香港，我唸五年級。我陪他捉，我也不會次次贏他，次次贏他便會不讓我捉，所以我會故意讓他，贏兩次，輸一次。最後一盤他一定要贏，他不贏不上學；那時趕著上學，他堅持要繼續，我便逼他，我故意贏他多幾次，最後工人來和他捉，工人又不懂。我們又玩六子棋；那時窮，拿六粒石仔，中間井字，每邊有八個位，放六粒石，中間兩個位是空的。那時沒有玩具，那是窮的時候的玩意。抓子也學，跟妹妹學。跟人家學新事物，我不論男女大小，你有知識我便跟你學。

波子棋也玩，但興趣不大，陪人家玩而已；我棋藝不精，人家可以看多幾步，我看一兩步便看不到。撲克牌，當時流行13張；我不賭博，但我知道規則、大小。圍棋不懂，只知道原理，圍住便死。另外我們也用計數的方格紙，輪著一人畫一劃，畫了一個方格便食了人家；那已是有紙的年代了。

養過蠶蟲，玩玩而已，當然是養死了；因我在做科學實驗，不給牠們桑葉，用其他樹葉，當然最後全部都餓死了，我那時也有這種科學實驗精神。

游水，我沒正式學也沒人教過。童年時放暑假到堂兄弟家住，我跟堂兄弟坐順風車到新界海灘游水，沒人教，各有各游。人人說游得多便會，但我總是學不會，次次都飲水，飲夠了水便上水，不敢游得遠。那時可能有些零用錢，我便去租艇扒。我扒艇很出色；一些人靠力氣可以扒回來，所以不怕，但我因不懂游

泳，很怕反艇；那時又未有救生衣，所以要精研一點。我懂扒直線，知道哪裡不能去；外面水流打橫行，我能識別，比較精通。扒艇是倒轉扒的，我不用望著目標就知道偏離了，懂得控制方向。我不用回頭望目的地也可扒行，我靠認著船尾的標誌，結果在測量也可以應用這些技能。

語不驚人死不休

我在學校不算是交遊廣闊那類型，不算受歡迎，因我身材矮小，運動完全不行；說話，人家又接不上口。因為我覺得我優勝的地方，便馬上去窒人家，去發表意見。

我是那種語不驚人死不休的人，說話有時頗會被人覺得在炫耀。有次旅行，人生第一次坐過萬噸的郵輪，從香港到廈門，在船上過了一晚。我對這類東西很有興趣，也喜歡研究；出發前我已查好資料，什麼時候開船，什麼時候到達，船速是多少，距離是多少等等數字預先算好。上到甲板，也未離開香港港口，人家問：現在船有多快？我說：現在剛啟航，大概16 knot（節）吧。問：什麼knot？我解釋說：每一小時一海里等於一knot；那人問：你怎知道？我說：你看看那些水，這樣翻滾地前進，還不是16 knot嗎？人家說：我不信。我說：你不信問問陳振吧。問：誰是陳振？答：就是船長。一些船員此時經過，望過來，他們不敢問我是否認識他們的船長。有人問：你認識這船的船長嗎？我說：不用認識，但我知道。問：你怎知道？我一上了船我便四處去探索，看見一塊板，畫了船的構造、火警逃生路線，寫明在緊

急情況誰去哪一隻救生艇、誰負責哪一隻艇，把船員、水手的職責分配好，級別分清，船長的名字就在那裡，我看在眼裡記在心中。我是很公開的，不故作神秘，否則人家以為我胡說八道。我說你不信去看看那塊板，肯定未換船長，否則新船長必換了自己名字上去。

我並不是賣弄或炫耀，只是給人家感覺有點深不可測，好像連船長也認識；我從來沒說我認識船長，但未揭曉前人家總以為我真的認識他。

我在南洋工作時生過疣（wart），回到香港復發，唯有找四姨，她叫我在那打素醫院治療。所以我曾在那打素醫院住了幾天，住的是是二等大房。那幾天有個護士學生，她稱呼我何先生，問我等會吃過飯有什麼做；我說沒有什麼特別事（那時有空也可以到電視房去看電視）。她問我她下班後，可否到花園去見見她。我說好。她原來準備了一疊紙，想學摺紙。她見我空閒時在摺紙過日辰（我那時大概是摺些紙鶴之類的東西），我說你也有興趣？她說下星期會調到兒童病房，想和那些小朋友玩。我便教她。

我也教過那些護士學生出貓（作弊）。我見她們拿著書埋頭苦讀，準備考試，很緊張；我說不用怕，至少她們也初中畢業（我母親年代當護士要初小畢業，之後要求高小畢業，現在其實就是大學的一科），考試經驗豐富。但她們每次都十分緊張，我說當然，這個考試更與工作有關。我說你出貓吧。她們聽了都很怕；我說出貓作弊有幾個過程，第一是預備，第二是預備貓紙，第三是帶貓紙進試場，第四才是出貓。你就不做後面兩個步驟，

只做前面兩個。問：怎做？我說：你照樣讀書，照用出貓的方法，寫貓紙。這個方法其實即是把你學的內容做一個撮要，再溫書也是看那張貓紙，總之不帶貓紙進試場便沒事。我教她們用比較大的紙，寫較大的字，表示不會將貓紙帶進試場。這是我覺得行得通的辦法，有沒有人用我便不去理會。

那次住醫院我還「中過」六合彩頭獎。當時在電視房人人在看開彩，那時的主持是夏春秋，他未叫那個號數，我已說出了那個號數，全是中的。那些人以為我中了，我說可惜，因為我沒買。六合彩的電視節目要到傍晚才播出，但我在早些時候已從收音機知道開彩號碼，所以我可以全部說中。

變通

關於變通我有幾個小故事。有一次在南洋理髮，起初只有男的理髮師傅（政府怕女師傅在那裡有另一種服務（賣淫）），但後來有些女的入行。我曾訪問過當地的一個女職員，她是當會計的；老闆真的會考她的會計知識，問她什麼是借方，什麼是貸方。但理髮師傅如何去考？便要靠她原居地受訓的證書，因當地及鄰近國家有不少這種訓練學院。馬拉人不喜歡女人摸他們的頭，所以寧可排隊等男師傅理髮；我就不論男女，快些完事便可以蛇王。有一次我和一個女師傅搭訕，直呼她的名字。我對她說：×××，你在哪裡學理髮的？她驚訝問：你認識我嗎？我說：我不認識。她說：那你怎知道我的名字？我說：你先說你從哪裡學的，我再開估。說到此時店內所有師傅、客人都看著我，

不知我什麼葫蘆賣什麼藥。我指指牆上的文件說：你看看，你的名字寫在牆上呢。原來牆上貼了店舖員工的名單，只有兩個是F（女性），還寫上年齡，其中一個年齡較大，所以我猜想另一個該是她了。這就是我願意花些心思去觀察一些別人忽略的地方。

又例如，工作上要到別人的辦公室和人家討論公事，回到自己公司後，發現忘記了些什麼，我便叫下屬打電話找某某某，告訴他電話號碼是×××。下屬驚訝我為何會知道，那是因為當時電話號碼是寫在電話機上的，我看了便記在心上。

又有一次發生在家父病重的時候。他有一個支票戶口，叫我也同樣開一個支票戶口，使他可以轉帳到我那邊。他叫我到灣仔的渣打銀行，和分行經理說我想開戶口。當時開戶口其中一個要求是要我提供兩個銀行認為可信賴的介紹人，例如他們支票戶口的客戶。我對分行經理說：我只認識我父親。經理問：那麼你令尊的朋友呢？我說：他們古老石山，不用支票的。經理說那沒辦法開。我馬上回他說：那你來做我的介紹人吧。那經理（還記得他姓譚）說：我不認識你呀！我說：但你認識我父親呀！又和他解釋開支票戶口的原因，他最後批准，成功開了戶口。這是其中一個小聰明的故事。

另外當時我三弟有些錢在我爸的支票戶口，那是我爸替他儲起多年的家用。那筆款項頗龐大，我也絕對認真，不會據為己有，始終三弟也沒享受過什麼家庭福利。我打算把那筆款項轉回三弟的戶口，當時他已預先辦好所有授權手續。我到銀行，先從他一個只有十元的儲蓄戶口提取五元，銀行職員說我不是戶口本人，不能提取。我說已有授權，要他查清楚。那時保安已站在我

身後，後來查到的確有授權紀錄，讓我代三弟提款。提款完畢後我即時再把大筆存款轉到三弟的戶口。我這樣又提又存是要先肯定我可以動用戶口的錢，否則存了提不了便大有問題。

開解

我不怕鬼，也教人不怕鬼。人家說有鬼我便說有，先認同他們。問：鬼會害人嗎？我說會。問：鬼害人聽得很多，那怎辦？答：沒怎麼辦。我問：你信有人嗎？人會害人嗎？你聽人害人的新聞多還是鬼害人的新聞多？答：當然是人害人的新聞多。我說：那你怕人好了不用怕鬼。為什麼不是人人都害人？因為他們有良心道德，或害怕受法律制裁，總有個原因。那鬼為什麼不害你？也是有原因的，而且我覺得如陰間有法律，會比我們人間法律更嚴，所以他們不敢胡為。

我用我兩次遇鬼的經歷來化解別人不那麼怕鬼（不代表完全不怕）。一次發生在汶萊，那時我住在那間在地盤旁搭建的辦公室及住家兩用的房子。我住下來，晚上聽到有聲音，wiwiwuwu。那房子的窗是全透明的玻璃造成，因是全透明很不方便，我便用些半透明的紙貼在窗上。日子久了，那些膠水乾了，變了紙和玻璃之間有空間，像兩塊樹葉吹起來的聲；而風的強弱、風向不同，聲音又不同，極像鬼叫。我雖然害怕，但要找出原因；即使是鬼，也要找他來瞭解一下。最後給我發現了原因。用手按著紙時，聲音果然不同，放開手又回復原來聲音，所以這個問題就解決了。

另一個鬼故事發生在馬拉奕（Daerah Belait），我那時每星期會開我的小電單車（我給它起名叫Tiny Ant，中文譯作蟻仔。那是一輛很雛形的Scooter，引擎容量只有75至100cc左右），跑幾十公里到我的未來大舅家（即我未來太太的四哥）。大舅有三個孩子，在讀初中和高中。一家人在Brunei Town的政府宿舍居住，樓高三層，是新建的房子。我每週六下班後開車到他們那邊，到達時是晚飯時間，週日下午便開那輛雛形Scooter回馬拉奕工地。那幾個孩子告訴我他們住的地方有鬼，他們說聽到有釘石屎板的聲音。我問在哪裡，他們說在家四處都可以聽到，有時大聲有時沒這麼大聲。我說那我們晚上找找看。他們說怎麼找，我說往最大聲的地方去找。我們找到窗口附近，再聽清楚，聲音是從外面傳入來的。他們說：當然是從外面傳入，因為那鬼是在外面跌死的。我往外去一聽，那聲音變了，與室內的不同，像田雞在叫，也確像在釘石屎板。我再看那邊有一些沼澤的地方，我說該是在那邊傳來，你不信我們往那裡去看看。他們說不用了，那該是牠們發的聲音。後來我確認到聲音是從一種蛙類來的。我從中也受到啟發，有什麼問題找辦法去解決，解決不到是另一回事，但不去解決問題永遠存在。

現在如果聽到像有鬼的聲音我不會去找，因我知道自己有耳鳴。這幾天我又聽到有聲，但不是耳鳴，因為我在一邊聽到，走到另一邊便聽不到；可能是水喉，可能是整棟大廈的水聲，總之必要去找聲音來源，不要被蓋過頭，否則你只會害怕，整晚睡不著。

我在這方面自覺有點才華，甚至有想過當心理醫生。不是

專業那種，只是想當廟祝。我50至55歲時在沙田火車站工作，地盤在車公廟附近，有次在廟裡遇上有人找廟祝解籤。廟祝十分年輕，可能真的讀過心理學，安慰那求籤人說有貴人扶助之類的話。我現在回想那人的孩子的問題，可能是自閉症。那廟祝說最重要看醫生，你不知那貴人是不是就是那醫生，什麼觀音菩薩都是三十二化身，你不知那化身是誰，所以醫生不能不看。廟祝先把求籤人帶到醫學專家意見那邊，又說些什麼晚景會好的之類的話，給人家一個希望；又叫她求神作福，但不是牟暴利那種。那廟祝真有良心，可能是以很低的價錢，給那人一個符，拿回去求個安心，同時也有些合理的收入。我很受這份工作的吸引。但這份工作其實不太容易，要學懂解籤、規矩。可惜這門職業沒有訓練班的，所以無從入行。

我從未學過溝通、哄騙，也不知從哪裡可以學到這種能力。我在約五、六十歲的某一年，跟旅行團到福建旅遊。當中有一個女團友，家中有一個兒子十多歲，唸初中；那母親向我們訴苦，說兒子打算唸畢初中便輟學，去當魔術師。那兒子十分崇拜魔術師，要以此作為職業，母親大為苦惱。我們各人就向那母親獻計，有些說讓老公勸他吧；那母親抱怨說：老公都不管，只是說我不懂教；我說：你氹（哄）他吧。她問：如何氹？我答：你連老公也能氹回來，你兒子年幼許多，總能氹到的。各人開始圍起來聽，我說很容易，先說，好，當魔術師好，先認同他，順一順他的意，說魔術師很了不起，每次開工賺很多錢（千萬不要說一個月也沒一天開工），但魔術的原理不是物理就是化學，所以你必須先鞏固你的物理和化學；而且好處是你不用跟師傅，那些師

傅技術也有限，出不到大場面；你的目標是要出大場面，所以先學好物理化學；而且現在你要向那師傅買工具，到時你高級了，你便賣工具給人家，又多了一條財路。總之說到天花龍鳳，就是要那兒子弄好物理化學，拿兩個學位回來，弄到那時，可能已成了家，太太說不准做魔術師也說不定。我不知道這樣說其實有沒有道理，但有些人聽了，是會有些啟發的。

我還有兩次開解人的故事，其中一次在海洋公園。那時的海洋公園如果你到了60歲是免費入場的，我到了60歲當然去看看。我還玩過那過山車，是人生唯一一次玩過山車，感覺頗刺激，玩過一次也不敢再玩了，即使是免費。海洋公園內有吊車連接山上山下兩部分，那吊車的躉我也有份參與建築，但印象頗模糊了。那次有兩父子準備坐吊車，兒子約十歲左右，但不敢上車，父親在引他說上面有很多東西看，父親陪著你坐不用怕，但沒有用。我在旁聽著他們，有車也先不上，連那父親也望著我，幾乎以為我也不敢上車。到那父親說完，我說：孩子，我也怕啊；先將自己放在他的心態中，然後再說：但這次不怕了，因我上次來過，那次我很驚，但原來是沒事的，我上了去還看到很多東西。我這次不怕了，我可以陪你。他仍不願意，我便說：那我先上去，不等你了。我不勉強他，亦不阻礙他父親繼續遊說他兒子，結果如何我不知道，但我喜歡開解別人，解開他人的心結，幫助別人解決疑難。在街上遇上有人找路，我也會主動幫忙。還有一次是移民前去驗身，我們見醫生前要驗血。那時一大群人排隊等姑娘抽血，有一個老太太怎樣也不肯讓姑娘抽血，令全家人十分煩惱，因老太太不移民，也連累全家人不能移民。我在旁邊待他們停了

口，便說：阿婆，你怕驗血嗎？我也怕的。（必要代入了他們的心態，認同他們的感受）然後我說：但有別人向我解釋過，我現在不怕了。第一，你怕什麼？答：怕流血。我在他們家人子孫面前也這麼說，我說：你是男的還說得通，但你是女人，幾十年前每個月也流血，之後也沒事，少少血怕什麼？答：怕痛。我說：是啊，打針也是頗痛的，打針你硬把東西打進去，但抽血不是，抽血是血自己流出來的，不是把東西打入身體內，所以不痛的。說完到我抽血我便走了，也不知結果如何，可能人家為此因利乘便，帶了他們一把，但如果我遊說無效，也沒有擾亂大局。

我要作主

我幼時開始不吃魚，直到現在都非常堅持。後來人家問我為什麼不吃魚，我說這是精神病來的，可以醫得好，但要找精神科醫生。我現在已一把年紀，如果年輕一點我會去嘗試。我很久才發現我不吃魚的原因，我稱它為「創傷後遺症」，即等於某人被人強姦過，以後便不敢結婚。我當年是被人強迫吃魚的。約幾歲的時候，可能出痳仔，出痳仔是不能吃魚的，所以有一段時間沒吃魚，到痊癒了可以吃魚了，長輩太急進，一次過大量、頻密地逼我吃魚，令我害怕，於是反抗，以死去威脅，那已是最絕的一招（當然比死更恐怖的還有長期的痛楚）。他們說我不吃魚便沒飯吃，我不吃就不吃，他們說我看你可以不吃多少餐，我說我看你可以看著我不吃多少餐。我的底線守得十分牢固，結果長輩們放棄堅持，我就從此不吃魚了。我不吃魚並非我怕骨，也不

是怕腥；因蠔蝦蟹蜆我都會吃，而且頗喜歡；可能是因為我不吃魚，身體特別需要這方面的養份，所以都吃。我這個完全是心理病，與敏感什麼都無關。如果我不知道那是魚，或我以為牠不是魚，雖然實際上是魚，我吃了，也沒有什麼反應。那些明明是其他原料做的，但如果我以為是魚，我一吃便會吐。那時逼我吃魚的包括我媽媽和左鄰右里所有大人，各人都各出其謀，盡他們的方法。我對著壓力越大，反抗力越大；所以千萬不要逼小孩，要苦口婆心，或者哄騙他們。

抽煙：我第一次高中畢業到第二次高中畢業期間已開始抽煙。當時十分流行抽煙，幾乎不抽煙就不是男人。但我兩個弟弟（和我相差5年和8年）都不抽煙，因流行抽煙的時代他們年紀還小，未到抽煙的年齡；到他們長大，那時抽煙已不太流行，覺得是有害，就不抽了。而且我做建築，抽煙極為普通，粗口更加是平常，不說粗口不能合群，那是大家的共同語言，是溝通的工具。但我移民前在香港成功「戒煙」，那時是約1990年。我不敢說「戒」煙，因我不能肯定我明天會否再抽。抽煙有很多理由，抽煙危害健康，但鄧小平抽了一世煙也很長壽；香煙昂貴，但我買得起；抽煙的話你的兒女不讓你接近孫兒，但我的兒孫在海外十分遙遠；抽煙會令你失去很多朋友，但我很多朋友都抽煙。總之一大堆道理可以抽煙。我停止抽煙的紀錄有時是三幾天，有時是一個星期，有時因生病咳嗽停了，痊癒後又再抽。最長一次是停了八個月，那時可能是香煙加了價，沒有抽八個月，後來不知道忍不住還是加了薪便又再抽。而這次為什麼可以停這麼久？我覺得像被香煙捆綁、控制。那時政府即時加重稅，令香煙突然貴

了很多；我其實可以繼續抽，或者抽少一些，但我不甘被人牽著鼻子走，你可以說這是任性，但我要作主，我說不抽便不抽。我真的說不抽便不抽，我照常把打火機香煙放在原位，都可以忍得住。我的方法是在煙包旁放一杯水，想抽煙時便喝一啖水，或者一直喝一直喝，就算喝到滿肚子的水也不會有事，結果是用這個方法停了抽煙。我沒有靠吃糖、吃香口膠；而我太太那時繼續抽煙，雖然是不同牌子。到後來我把我的那包也丟了，我仍然可以從她那裡拿來抽，但我一直沒有。最後變得嗅到煙味都怕，便沒有抽。由始至終一直沒有人給我壓力去戒，或遊說我再抽；我要作主，除了自己，無人能左右我。

學車

我在香港學開汽車，我當時的工資是150元一個月，即是一日五元，但我每日用兩元也足夠了。學車是五元一小時，我隔天學車，即一半人工學車，一半人工生活費。那時父親還未要求我要交一半人工作家用。學車是晚上學的，腳掣旁有燈讓你看清楚不踏錯掣，熟了之後便可以把燈關掉。我上車不久，開了一兩轉便和師傅說可以試試把燈關上。師傅也講解得很好，先教我汽車各部分的性能；又叫我開慢一點點、開快一點點，要我停在某處指定地方然後又上斜，又叫我停車。頭一個小時已這樣，他說要我這樣做，目的是要看看我的程度，才因應著去教。如果由頭教便浪費時間和金錢。後來過了幾課，他問我是否學過車，跟誰學，我說我未學過車；他說你不像新學的，像學過十幾個鐘。我

說我未學過但見過。我做地盤，常常有機會坐泥頭車司機的順風車，後來發覺這樣學不到東西，便待工作做好了上車多坐一會看他轉波等等，但這樣也學不到太多。我說坐巴士上班時我必坐到最前排，觀察司機如何開車。當時有部分巴士不用 clutch（離合器），屬半自動，所以我說兩種車我也見過。其實很多東西我都只是見過的。

我在香港學車，但沒考到車牌，因我不肯花三百元賄賂考牌官，那是我兩個月的薪金。如果給了三百元可以有牌我會做，但我不信，因是經師傅手的。他說給他三百元，他會交給考牌官，又說如果考不到會退回給我。但其實師傅可以獨自就把錢吞了，因為總有學生有機會以實力考到。我考車時也是如是，開完回來，老師說通不過，差三呎，即差三百元。他表面意思是你的車泊得不好，差三呎才到位，但實際意思是你下次記著給三百元。我不肯，我的技術其實是過的。在汶萊也有這種黑市車牌買，但不敢太黑。如果你真有技術是給你過的，但如果技術差一點點，便可能要給錢去收買考官。我在汶萊考到車牌，然後用汶萊的牌去換香港的牌。因當時兩地都是英國屬土，如果在汶萊持牌兩年以上，在香港是承認的，可以免試領取香港車牌。

另外汶萊有一條規例：你上午考到車牌，下午可以教車。我曾教過一個人在汶萊由沒車牌到有車牌，那人叫翁基，是我太太的四嫂（高佬楊金源的太太）的契爺的兒子。（有人問我和楊金源的太太，當年是不是契的，我說不是，因契了便是兩個家庭的關係，但我不會牽涉我家人。我只是當她是我姐姐，就好像我也曾當過四姨是媽媽。）翁基在我頭一個在汶萊做的地盤（叫興

昌）參與建造市內的郵政局。當時郵政局只是個竹Ga Yang棚，我們要建一個石屎的兩層高L型郵政局在街角位置。我在公司做文員，另外有一個科文（Foreman）（管工），有一個墨斗王。那個科文不肯教人，說那些知識是交學費學回來的，如果要學也要先認他當師傅云云。我當然不會認他當師傅，因這類人即使認了師傅交了學費，也未必把所有東西都教給你。那墨斗王就是翁基。他墨斗功夫很了得，尤其是技術，例如在門口位置要用手彈一條墨斗線去標好門的位置，如果距離很闊，兩隻手伸直也不夠，他就用「班妻」（工具一種）繞著左腳大腳趾，蹲下身然後撐開左腳，右手拿著墨斗，用左手彈，不用人幫忙。他也懂看圖則，我便請他教我看圖則；而他想學開車（那時公司只有老闆和另一個老闆的遠房親戚懂開車），我便借了高佬楊的車教翁基開車。他學懂了開車，我學懂了看圖則，互為師傅。

我在香港是正規學車，所以我到現在給人家指示路程我也會懂得在適當的時間及早指示。

工餘進修

我和六妹當年在香港曾經一起參加過船主班、大偈班和手語班。她也像我每事都好奇想學。船主班是由YMCA（青年會）開辦的，也忘了是誰提出來去學。我們又不打算買遊艇，花幾十元報名見識見識。那時我要入會才能報讀，為了需要，我能屈能伸，不願意也入，第二年便不再續會。頭一課學生們都提早一點到達課室，坐在課室門外等候。我看見有人坐在我旁，比我年

輕，約四十歲，我以為是學生，因為我想老師不會這麼早到，結果不是，原來他就是老師。我和六妹一起上課，到考船主牌時二人都合格，但考大偈時則她合格我不合格；我只有一項成績合格，不等於全部合格。大偈有三個牌：一個是內燃機，一個是蒸汽機，一個是船尾機。考的時候有三個部分的問題，你要選擇兩個部分作答，如果兩個部分都合格，便可取得三個部分的牌，即full license；如果只過其中一部分，只給你那部分的牌照。我只過了一份，要補考另一部分，才變成大家都一樣的牌，但後來我們其實從沒有開過船。我六妹為何會合格？她連什麼是衝程也不懂，是我教她的，照理我答錯的她也答錯；但她用滾鉛筆辦法：鉛筆有六面，選擇題有A、B、C、D，第五和第六面不計，鉛筆滾到哪一面便填哪個答案。她這樣考過了。我也不知好氣還是好笑。

手語班：我記得報名時我們只拿到一份報名表，那時又沒有複印的方便，我們便一張報名表填寫兩個人，一個用藍色原子筆，一個用黑色原子筆；交的時候說明我們想兩個人報名，但只有一張表，便用了一張表報了兩個人。學了手語，我們兩人用手語溝通，太太問我們在說什麼，其實我就是不想讓人家知道我們在談什麼。就像我兩個孫女用法語交談，不想讓我女兒聽懂，擺明是秘密。

手語班同學中很少像我們這樣，家中沒有聾啞人士，上課純屬興趣。其他同學的家人或親人都是聾啞人士，另有兩個沒有聾啞親人的同學是獄卒，在懲教署工作，是工作需要來上課；可能是政府供讀的，因犯人也有聾啞，需要溝通。

我們的畢業試要用手語「說」一個故事，找些真的聾啞人士來做觀眾。另外課程中間亦有機會和聾啞人士用手語溝通，當為實習。整個課程設計十分認真，因聾啞協會有份參與，目標是你真的學懂。其實我畢業之後便沒有機會再用，除了有一次在西環的聖雅各福群會我帶些兒童到銀礦灣宿營時我可以練習一下。聖雅各福群會辦很多慈善福利事業，需要請一個導師，那時我沒工作，子女還在小學階段，我很短時期曾在那裡當導師。那份工作有時要在週末上班，到禮堂派一些跪墊、聖經，因那是聖公會，祈禱也會跪的。他們不要求我是教徒，但也鼓勵我參加他們的崇拜，坐在後面聽道。那教堂也是活動室，地方不大，每天開放兩小時跟街童上簡單的補習班，教教數學、認字，程度參差不齊。有次我們有機會與其他機構一起參加宿營，便挑選了一些表現良好的青少年去參加，我負責帶隊。那次宿營有不同機構的青少年和導師參加，其中一組是聾啞學校，我便用手語和他們攀談。有些我在手語班學不到的詞語，我從他們那裡學到，因我一到那裡二話不說便開始和他們用手語，他們還去問老師以為我也是啞的。

　　我在香港上過船主班，在加拿大也再去上課，還拿到了證書。證書和牌照的分別是：證書代表你考試合格，是永久的認可。我在加拿大是用中文考到證書的。那時發牌的機構派人來考核，但他們絕不會舞弊，因他怕我們學員中間有臥底。因我之前在香港學過，有些規例是相同的，所以也頗容易過關。雖然始終沒有正式開過船，但我要是現在去租船是可以的。有幾條規定我是很有印象的，包括不可以喝酒，而且船上也不可以放酒，怕你

們喝了丟了那些罐假裝沒喝。我很記得這條規定，因我怕如果邀朋友上船，他們帶些洋酒來我便遭殃了。

好學

我小時有花名（綽號），工作上叫「老爺」，在學校叫「牙擦何」，說我牙擦，因為我什麼都說懂。我初中已去考高中生的物理、化學，也可考到70多分。

我英文不好，懂得不多，但別人以為我很懂，因我會問，例如 "Supply" 和 "Provide" 的分別，這是從測量裡學回來的。我們接工程時的章程上有寫，監管我們的測量人員不用帶儀器，合同上寫明承辦商（即我們）要 "Provide" 測量儀器，即是有使用權，用完便要歸還；"Supply" 即給了你那件物件。"Supply" 汽車與 "Provide" 汽車不同，"Provide" 汽車可能是租汽車。我懂這個分別，人家以為我英文很好，其實只是懂這兩個字，從合同看到學回來。我問為什麼這裡寫 provide，不是 supply，有人便解釋給我聽。這就引伸到什麼是「租」和「賃」。「租」就是用錢去交換使用權，「賃」就是連運作的人、技術等都包括。例如你可以租普通汽車，但不能租 Limousine（豪華轎車），因為怕你不懂開，必會連司機給你；或是如果要使用挖泥機，會連操作者一起借出。

戰後我們有些經濟能力，我二妹那時去學打字，父親在當舖買了個斷當的打字機，是手提式打字機，十分先進。我們人人都學，我學到一些，到現在還剩餘一些基本功。我們十分勤力，用

鞋盒遮蓋，不去看鍵盤，向難度挑戰，打錯便再打。到現在寫電郵我能把自己或人家的電郵地址用正統打字方法打，不用看。我女兒有個同學，見我打字說我果然懂。別人常常誤會我懂很多，我告訴人家我打英文和法文速度一樣快，因為我不識英文和法文，所以我都是見一個字母打一個字母。

旅行

我很喜歡去旅行，但那年代工作沒像現在這麼多假期。我去過旅行的地方不多，記憶也不深。起初旅遊我會帶相機，但覺得要曬相麻煩，便帶望遠鏡，望望便算，不用花錢。有一次我帶望遠鏡到福建旅行，記不起是團友，還是當地導遊借我的望遠鏡，他沒將望遠鏡的帶繞在手上，我要求他要把望遠鏡的帶繞在手上（我已不要求他掛在頸），他問：為什麼？我說：如果你把它摔壞我便不能享受這次行程。他說：我可以賠給你；我說：你賠不起，不是說你沒錢賠，而是我沒有望遠鏡立時便失去望遠的能力。等到你到某個城市才可以再買一個，這幾天的旅遊我便不能看風景，甚至整個旅程都不能望遠了。有其他團友說：我有錢，可以整個行程給你再來一次。我說：到時已沒有這個時間，我要上班。他說：那我給你生活費，不用你上班。我說：我到時已沒有體能。總之把後果嚴重誇大，語不驚人死不休，也證明有些事是不能用金錢去補償的。

有一次坐船到灘江遊覽，途中那船底擦到些河石，發生巨響，眾人都驚慌。我說：不用怕，每天都是這麼擦的。人家問：

你怎麼知道，你來過嗎？我說：不是。我又說：這當然是做出來的。人家問：那船真的沉了怎辦？我說：沉了便下地走。根本那船已擦到河的底部，我就是這樣的理智，所以人家怕時我不怕。可惜現在已沒有體力智力再去各種地方旅遊，也想不出想去哪裡（本來想去澳門的，看看我的出生地，看也沒什麼意思）。

我女兒移民前被派到中國多個城市工作，到過深圳、上海、武漢等，後來到了北京。1985年我也曾到北京探我的女兒。她到火車站接我時，會有一大堆人同時下車，當時她想我替她帶一個羽毛球拍，她在香港一直有打羽毛球，她住的酒店有羽毛球場，想在那裡打又不想借用同事的拍，我便帶過去給她。我在羽毛球拍的兩邊夾了張紙，紙上大大地寫上「敏」字（我女兒的名字），用透明膠袋套著，下了火車便把球拍高舉。我沒預先告訴我女兒，結果她很快便能從人叢中找到我。

我在北京住在女兒的單人房，用她的單車，逗留了約兩個星期。第一個星期去騎單車可到的地方，約十多公里的範圍，橫街窄巷四處逛。人家聽我的口音知道我從南方來，問我哪裡來，我說很南很南，他們問廣州嗎？我說是，或說是深圳，一定不會認是香港來。他們說我的普通話不像國內的南方人，我說那年代唸書未有正統的普通話；總之胡混過關。第二個星期便坐公車去一些單車去不到的地方。我坐公車到盧溝橋，拿著望遠鏡去望風景，有一群小學生走過來，我便讓他們見識見識，教他們用望遠鏡，讓他們逐個排隊在看。我很喜歡做這種事。

我去旅遊的其中一個目的是想增加見識。有一次，我跟團旅遊，其中有一個團友是從西安來的教師，我問他抽煙不抽煙，他

說抽，我提出和他交換一支香煙。我願意用舶來煙去換他較次的本地煙，目的就是試試國內煙的味道，滿足好奇心。又有一次，我跟本地人以外匯券一對一地換人民幣，其實很吃虧，但我不計較，那人換到手也不能使用，我志在讓他拿回家讓家人看看，我就是喜歡做這些事。

我那次到北京的火車程來回都是軟臥，價錢不便宜，但我想見識一下。回程時，我進了臥鋪的候車室，上車時，車站職員見到我的票是軟臥，叫我到軟臥那邊上車。我問他可不可以從硬臥那邊上車，他說可以，他可能以為我有朋友坐硬臥，我其實想自動降級，去感受一下硬臥。當時車程要過兩晚，軟臥的旅客可以到硬臥那邊，我就過去看看，但硬座我就沒有去，因太擁擠，人又雜。我經過硬臥那邊，那通道上有地方可以坐，我看見有人坐在那裡，我便和那人攀談起來。他知道我是坐軟臥，很好奇軟臥是如何，我說我可以請他過去坐坐。於是便帶他到我的床鋪給他見識。我自己想見識，可以的話我又帶別人去見識，我就是愛做這些事。

那次坐火車我還特別走到車尾看風景，看到一些護路工在工作。火車駛過時你看不到他們，火車一過了他們便從兩旁出來繼續工作，十分有趣。我旁邊有個洋人，我先和他用英語交談，但我英語不靈光，他馬上轉用普通話來和我說話，說出來比我更標準。我說你很棒，他說他是在某某大學學的。這次經歷讓我明白不要以為別人不懂你的語言。同樣事件也發生在我在印尼參加旅行團到峇里島的時候。當時我和同事同行，在等船載我們的汽車過海。等的時候大家在聊天，那位上海人同事問我幾點，旁邊有

一把女聲答：「十一點三個骨」。我們十分愕然，因她不止懂廣東話，還懂說「三個骨」這個俚語，她又不太年長，估計是從長輩那裡學的。那上海人同事聽不懂，還問什麼三個骨。我立刻當著那女的面也說：「不要以為人家聽不懂，你罵人人家可能全明白。」結果我和這女子做了朋友，又去探過她。她其實是一個比較高級的妓女，被包月之類。這個我後來才發現，但我也沒有歧視她。有次在茶樓遇到，我們互相打招呼，我在旁的朋友說：你認識她？她是妓女來的。我說我不知道，她不當我是客，我不當她是妓女便可以。

還有一次，我們建軍營，有些派來的軍人要學習些測量，他們要把器材放在離地幾吋的地方，保持一段時間，他們要蹲在地上望，較為辛苦，我便教他們用木頭把望尺放高。有一次有一個白人沙展，問我們有沒有蔗渣紙，我用英文問他用來做什麼，他用流利馬拉話回答我。我當時聽得懂馬拉話，但沒有說得像他那麼流利。我問他：你學過嗎？他原來在倫敦什麼學院學馬拉話，所以真的不能以貌相人，從外表去判斷人。

消閒

音樂方面，我參加過中學裡的樂隊，跟著吹，但又跟不上。澳門粵華中學要求學生至少參加一個興趣班，但我不只參加一個興趣班，我也在粵華上過投資班，學過炒股票。課堂上有人教什麼是股票，解釋為什麼股價會比公司的價值為高，是因公司有賺錢能力；你用同樣價錢到其他地方投資回報是這麼多，但這公司

的回報是比較多的，所以是視乎公司的生產能力。另外我也學過攝影，但音樂我完全不懂。我不懂任何一種樂器，學又不會；但有學過唱四部，合唱也學過，粵華有很多這類的課外活動。我欣賞粵劇，但與懂不懂無關，但西方的歌劇我就不懂欣賞。我也會看詩詞，卻平仄不分，只覺唸起來順口不順口；所以我不懂填詞作曲。我欣賞的粵曲是舊式那種，不是新式的尹光那種。我欣賞唐滌生的詞，只是訴說一種情感例如相思，可以唱十五分鐘，句句不同但意思一樣。和我一起當義工的年輕人去唱卡拉ok我不唱，在旁打瞌睡，一些年紀大些的組員便間中過來和我聊天，可能怕冷落了我，又給我面子。我真的什麼曲也不懂，但我是會彈不會唱，他們有些唱得很難聽，這個我聽得出來。

行山我懶行，也不會自己一個人去行。但我四弟在我住南豐新邨的時期也帶過我行了幾次山。他是帶著契女行的，我還記得契女在看螞蟻，我們教她看。在粵華時我們會爬上學校球場上的小山坡種蔥，那時有人教我們，家人買菜送了棵蔥，可以保留蔥頭，用泥種再長出新蔥拿回家吃。

我成長期間沒有機會接觸武術；因要交學費，又花時間，而且當時長輩父母不喜歡我們打功夫，可能那時的武會給人黑社會的印象。

看體育節目：我沒刻意去看球賽，但我父親每年過年會去看足球賀歲杯，也帶我去看過一兩次。上班那裡也會有人說各種話題，包括波經，但我答不上口；我不認識那些球員、守門員，那時球星的名字我也記得，但分不清是哪一隊，沒特別留意。我在加拿大也沒有看冰球，我連規則也不懂。踢足球雖然明白球規，

但因為球技不好，我上場就是負一；我負責在最後防線，只做龍門。其實守龍門更不好，但希望隊友能夠攻。

歷史：我也很怕看年份、人物；朝代、皇帝的次序全搞不清，記不到。歷史故事情節我倒還記得：這個朝代如何興起，什麼揭竿起義、黃袍加身，那人本來不想做最後給抬了出來等等的情節。從讀歷史我便學到有時領袖能上場不是因他能幹，而是因為他糊塗，人人不肯做，結果由他去做。那時我認識有人在港大剛剛畢業，人家找她教英文，教會考班。她經驗不夠應該教中一、二開始，但那些資深老師懶，只想教中一、二，不想備課，找新人去教難的班。所以有時你未必能幹也給人抬了上去。我現在參加一個活動叫蓮花雅集，是一個定期講座，那裡他們會引用歷史故事，有野史，也有正史去說些道理；又會比較中西歷史，說茶花女故事是在法國發生，但中國歷史上也有一個類似人物，故事年代或許比茶花女更早，諸如此類的題目；要交茶水費三元去聽，題目甚有趣，我覺得值得。你又可以在那裡問問題，發表意見；如果你有故事，下一課可以由你來講。有一次他們的題目是毛澤東有多少個女人，有多少個正式結婚，哪一個是雙槍將，保護過毛澤東，又談江青有過多少個男人；十分有趣，但聽了又水過鴨背。

觀星：我想盡辦法觀星，但學不到，因為沒人教，又沒機會加入觀星會。我買過星圖，自己在天空對，所以有基本星圖的知識，知道南面北面是反的。我也到過北京的太空館，在南半球的時候有人指點我看過南十字星，僅此而已，沒機會正式加入過天象學會。

掌相我不信，我信相由心生。如果你性情兇惡，你出生時多俊朗也會變得凶神惡煞。但也有假的，你不論多好心腸，對人多好，你生出樣子兇惡也沒辦法。有些外表斯文的可能是敗類，所以外表靠不住的。

風水更加不信，但基本講求空氣流通、有陽光的原則我是信的，現在外間也牽強附會說是環境學。

腦退化

我十多年前已發覺自己有失智症。由我會拿蕉皮去洗，然後把餐刀丟掉開始；還有我接孫女放學用連嘴的小童膠杯準備了果汁，但竟連膠杯的蓋也打開，孫女說喝不到，便發現自己有問題。我去看醫生，醫生叫我預約一個時間做個測驗，我想是不是他不熟悉要回家溫習（說笑而已）。最後測驗結果是borderline，30分合格，我29分，不用吃藥。我一知道便積極上網去做資料搜集，研究有關失智症；預知一下如果情況轉壞自己會如何，還將十大警號發給其他人，但現在連那電郵也不知在哪裡。我的情況十多年來一直保持水準，但最近兩年衰退得很快。我當時問醫生，醫生說再過五、六年才再看；過了五、六年我又問醫生如何。現在我每三個月要到醫生處取藥，每次去取藥他問我上來做什麼，取什麼藥，那些藥有什麼用；我知他在檢查我。現在我也要想一想才能說出各種藥物，我的失智症退得很快，現在靠邊走路邊思考。

我最了不起是如果我見不到你，便不理你，也不會記起你。

你即使來我家住了一星期，過了幾天我也記不起來的。

其實人老了必會腦退化，有些人退化得快些，有些人慢些，即使有藥物控制，也只是放慢你的退化速度，不能挽回失去的能力。我也用方法去減慢我的退化速度。人家說你說自己有老人癡獃也十年有多了，我說我一直在衰退，我自己也知道；別人問我為什麼控制得這麼好，我說運動，也要營養、休息、充足睡眠，而且運動十分重要，即使以往你行一小時才疲倦，現在行五十分鐘便倦，那你便行五十分鐘。活動也是，拿得到的便拿，太重拿不到便拉車，總之知道自己的能力極限，盡量去做。我的運動是每日步行，在我的大廈的北面樓梯行上一層，然後通過大廈走廊走到南面的樓梯再走上一層，一直到頂樓，然後坐電梯到地下或一樓，再這樣一層一層走回家。我不能連續行樓梯，試過連續行了兩層樓梯，發現氣喘，唯有一層一層走。以往半小時走完，現在行了兩三層也許還要休息，而且用多了時間，有時走不完已很累，便坐電梯回家，這是體力的運動。現在已不太行了，常常未行完也要回家。我要1、2樓交替，是希望每層的南北樓梯也行過。我走的時候也不會在意在哪一層，有時會走過了頭。我一邊行一邊在思考，但我不會帶紙記下，又不會帶錄音機，想了便算，回來記得便寫下來，不記得也罷。有時會想關於寫電郵的事，如何去覆人家給我的電郵。我打字慢，寫又懶，錄音又要一大堆手續。有時在skype錄音，但試過別人會收不到；我也用WeChat錄音，WeChat每條錄音是一分鐘，於是便有時分開錄多條聲帶。如人家沒有WeChat，唯有用電郵，打字時如打電報，盡量少字數。打字對我來說很難，用iPad打字好一點，那軟件能

認得我的字,反而電腦的手寫板不太靈光,要花很多時間,或寫幾次才有正確的字出來。但我又不懂由iPad把我的字傳到laptop的電郵,於是要把電郵內容存在手稿,再在電腦打開手稿,十分複雜。我想的就是這些東西。回到家有時會忘記了,或只記起一些,我也隨意,不記得下次再去想,再不記得連人家也不回覆便算。後來也學會每次收到電郵,便以統一回覆「來郵收到謝謝」去解決。我就是這樣去訓練自己的腦筋。有些人說打麻雀好,或打乒乓球也好;這些雖然是好但我做不到,因麻雀要四個人,即使辯論也要兩個人。辯論其實不錯,我們兄弟間便常常辯論,可當作鍛鍊腦筋,沒問題,不影響彼此關係。我現在用來操練腦筋的辦法是一個人能完成的,例如對一件事自己列舉正反兩面,自己跟自己辯論。

由於發現自己有腦退化症的症狀,到了2011年,我已不再去探兒子,因我信不過自己。人家說那你只是健忘吧,我說那已經很大問題了,不要說要出國,就算只到溫哥華,不用過關、轉機,但也有機會忘記去取行李;即使以後拿回,也諸多不便,費時失事。不見了行李事小,我怕連自己也丟失。人家說你害怕而已;我不敢試,我是不賭博、不冒險的人,我以穩陣為上,你說我行我自己說不行,這種缺乏自信令我很多事也做不了。

志願

小時候我的志願是開米舖,因可保證有飯吃。戰時經歷過饑荒,雖然在澳門,但物資一樣缺乏,我這副發育不良的身材,可

能也是這個原因；甚至我的心臟發大，也是當年捱餓的後遺症。可能因身體不夠食物的情況下要承受天冷，身體加強工作，令心臟發大。醫生說是不是你小時候顧著玩，忘記吃飯？我想怎會可能，那個年代怎會可能飯也忘記吃。

自開米舖的志願之後，一直長大了也再沒有什麼特別志願。今天我的志願便是盡量把我的知識分享開去，任由人家去拿取，不要浪費。有人曾經問我，說我常識甚豐，如果不公開與人分享便十分可惜。他用蘋果來比喻，我是一個好的蘋果，雖然不能強逼人去吃，但如果沒人吃便浪費掉了。但我認為如果我可以留下種子，也有承傳下去的機會。當年有一段新聞，在一個古墓發現了過千年的種子，竟都可以發芽成長。你看魚蝦的卵，當中有多少是真的繁殖成後代？少之又少，但總是要去播種、產卵。我如果不能做一個給人吃的蘋果，至少也可以做到蘋的種子，這就是我現在的心願。

人家有謂生活上有衣食住行，我則再加醫、學、樂，即醫療衛生、學習（我強調是自學、自我領悟）和娛樂。這是我從難民營或一些災區得到的想法。例如某地方地震，首先要解決衣食住行，之後便是醫，包括治療傷者，更重要解決死者問題，以免發生瘟疫。之後便是學，應儘快恢復教育，搭帳篷也好，在樹蔭下開講也好，這是十分重要。最後是由於在難民營中失去自由，無聊下必要有娛樂，如果不用太花錢，可以唱唱歌，或邀請外人來表演，或由營中的人自行弄些演出，作為調劑。我為什麼有這些想法？因醫和學現時已有很多慈善事業，例如無國界醫生、各種助學計劃等，但樂這方面一直被忽視，這其實是十分重要的。我

曾參加康福心理健康協會內的廣播組，當時找地方排演、練習、錄音也十分困難，我們曾經利用成員家的地庫。後來我們想演出一齣舞台劇，還希望每年有一次公開性質的樂藝日。那時計劃是每年一次，後來變為每兩年一次，我說笑是否下次不是兩年一次，而是二的二次方，反正越來越困難。起初我們找到一些可容納百多人的場地，後來規模擴大到幾百人的場地，那是一所學校的禮堂，舞台十分大；但排練時不可能有這麼大的地方。所以我心想，如果我中了獎有很多錢，我會成立一個非牟利機構，提供表演空間，有不同大小，不同用途的場地，有些地方供人排練，一些小型空間供人聚會；可以用非牟利方式運作，收取低費用，或者要平衡財政需要收高一點費用，也可以辦到。我的一個心願是去解決娛樂這方面的慈善事業。我常常和人家說，雖然他們沒有能力做到，但也可以替我推廣出去。我列舉一些機構，現在發展得很好，不斷擴充，但當初只是在私人家裡的地庫開始。我覺得場地十分重要，就如土地對一個國家的重要，猶太人就幾百年沒有國土，整個民族只能四處流浪寄居。現時一些圖書館雖有場地可提供，但租金昂貴；牟利團體可能有能力負擔，但我們全是義工性質，沒有這種經濟能力；有時也會有些官僚的規定，不能讓我們這種性質的組織去租用。

除了提供公共舞台，我希望能推廣防止水廁漏水的意識。我曾經寫過有關這方面的電郵。漏水是會嚴重浪費水，尤其是以食水為沖廁系統水源的地方。我希望可以推廣到政府立例定期檢查，正如定期檢查防火警報一樣。但很可惜我不懂用博客，又不懂開自己的網頁，即使別人教懂也會很快忘記；又不懂用

YouTube。我有想過在YouTube即使不用錄影，也可錄音。我曾經學過使用YouTube上載錄音，但已忘記了，連密碼也忘了。我現在的體能智力已不能去完成這些事。（註：筆者已在2020年製作了「水廁來水不停」的YouTube視頻）連結在：

https://m.youtube.com/watch?v=t5oBMBk_LNY

　　另外我亦希望推廣防火用具的使用法和其他急救的方法。這都是十分需要宣傳的資訊，可以利用YouTube或展覽會攤位形式推廣。例如大廈走廊的防火喉，必須要經過專業訓練才可以用，否則水力太猛會有危險，但往哪裡去學呢？我起初移民來時有參加專為新移民而設的課程，由消防員用實物教導，我在那裡學到很多東西。例如在煮食時離開了廚房，忘記爐還在開著，消防員教我們放一個廚具如殼、鑊鏟（但千萬不能用刀）掛在大門，那麼一出門看到，便會先去關掉爐頭。有些人說那我只是出門丟垃圾；但萬一你在途中有意外跌傷，便不能馬上回家，所以最重要是先把爐頭關掉才出門。如果你年青，你記憶力好，可以不用這樣做；但長者必須這樣做，我自己也這樣實行了很久。另外也學了如果食物在鑊或爐著了火，要斷絕氧氣供應，把蓋蓋上。但如何蓋上？消防員示範了從遠處反轉鑊蓋拋過去，是可以蓋上的。我還為那個消防員的一個要點和他反駁，有可能他們回去要更改他們的做法。他們教我們把滅火筒放在灶邊，我說不好，那邊起火那能伸手去拿？應該放在廚房門口，一起火我們走時，如果來得及便在門口拿滅火筒救火，如果來不及當然逃離現場，因我著

重先救人。消防員說要回去考慮我的建議，我也不知道最後結果如何，但我就是會提這些意見。我提倡給公眾親身體驗、去觸摸來學習使用各種防火工具。這邊有很多活動，也會讓孩子去觸摸各種物件。我覺得也可以辦夏令營，雖然參加人數不會太多，但可以呼朋引類，到真的火警時那個有經驗的便出來做領導。最簡單例如火警鐘，在火警時我們知道要拉下來，但從來沒有人拉過，因一拉便要罰，到時如何拉根本沒有人知道。我覺得可以做些模擬的、不是正式的警鐘，讓人試拉。我常問人有沒有這類的東西出售，但市面上沒有出售給大眾的火警鐘，只會供給建築商。我也建議或可以開展覽會，或設立博物館讓人去認識，裡面有可以親手操作的道具。我也學過如何開救火喉，如何拿住。當年西環大火，消防員工作了幾日幾夜十分疲倦，便叫一些民安隊去幫忙。報上報導那救火喉要兩個人才能捉得住，一個捉住喉，一個捉住龍頭，還要站穩馬步才可以；這些理論我是懂的，但現在已沒有體力。我覺得這類工具應該讓人去試用或示範；例如滅火筒，我學過要有一定規定，但現在也記不起了。滅火筒分幾類：A、B、C；如果是電火警的，就不能用水的那種去救。這些都應該給公眾去看，但現是連看也沒機會看。這類普及大眾的教育，我認為YouTube是一個很理想的平臺，可以用一個鏈結，集中所有這種資料。現時這些資料散落在各處，要找時很難找到。我認為應該由有關當局集中這些資訊，不一定用YouTube，但YouTube有畫面，是很好的平臺。我十分遺憾我做不到這些教育事務，又叫不到人家去做，很多事想做但做不到。

我從我的義工工作經驗中想過一門生意，也可以由一些服

務中心去實行。坊間有代客拜山、代客拍拖，這門生意可以是代客探長者，一個出錢一個出車，便可以去喝茶，應該是頗好的做法，但是沒有。只有一些是到長者家探訪，私人辦要收費的，會有協助你洗澡、做飯的服務。我也問過可否帶老人家出外喝茶，是不可以的，因出外會牽涉保險問題。

老人會失蹤，通常是失智症的老人家，十分麻煩。給警察尋人照片時用舊相片又太過裝扮，不能反映平日的常態，失蹤那天穿的衣服又忘記是什麼。我關心的是如何應付警察。警察要什麼資料，不如預先準備好，即使死了也有方法辨認死者身份，那是用DNA。我曾經見過有一些卡，給小孩子打指模在上面，又會叫家長保留一些頭髮，有事便可拿出來；每兩個月又拍一幅照片。老人家亦可以這樣做，但老人家自己做不到，最好有服務機構或低收費的服務，替老人家更新資料，例如藥物敏感的資料。不用每兩個月，每年更新也好，當是一個紀錄。也不用交出來，自己保管便算。你交給警察警察也沒有資源處理這些事；你交給一個機構，你可能又信不過，怕洩露私隱。所以最好做幾個副本自己放在家，有事時交一個給警察，裡面DNA也有，不用到時找幾個親人重組DNA，這也要花不少錢。我想過可以做一個牌掛在身上，寫上資料；我叫它做「仆街卡」，在外面仆街便用得著。但卡太小寫不下這麼多資料，我便想到寫在A4紙上，方便影印之餘，又仿效外面人家的摺法摺成卡片的大小，去一元店買一個膠套放在裡面，外面寫「內有本人資料」，但又看不到當中內容。我在老人中心提議過這些想法，但沒有太多人附和。

保留記憶

我保存了不少物品。我記得的有門球、兩個首飾箱，另外有一些特別的工具，如計數尺，有一些舊信，還有些已記不起。以前會間中拿出來驗驗看看。

我腰包還有一部簡單的計數機和一把捲尺，捲尺只有一米半，不是專業建築用的那種，但我覺這兩件東西頗實用，所以隨身攜帶。

我曾經說過我研究三點式，即用三個站，去決定自己在哪個位置。三點式的program很複雜，有sine，cosine；我寫了很多這方面的東西，有些是教人如何用，有些是已有人沿用，有些是我自己的演變；後來出了一本所謂書，我叫它做《繞法測量》（用妖諧音），繞是繞道而行的意思，即是用古怪的方法去測量。我的繞法十分精彩，但寫了現在連書也不見了，即使再看也看不懂。有些東西我曾經將它們影印，將原本交給我兒子，影印本就移民時帶來，預備自己看影印本。我告訴兒子這是我的心得，我死了以後你喜歡如何處理你決定，但現在替我保留住。我不知你懂不懂，但如果有人和你談起我是研究什麼，可以給他們看看。現在他的那些原版也不知在何處了，他搬過幾次家，有時說還見到有次說已找不到，這些都等閒了。

晚年

我不介意住老人院，因現今世界這是最好的辦法。先不說難為子女，就算你很有錢，你請幾個工人服侍你，都不是辦法，其實等於是你開一間私人老人院。但這樣你沒有院友，比較孤獨，吵架也沒有人和你吵。住老人院怕擠逼最多住高級些，一人一房；但如果一人一房你死了才有人發現，這是另一回事。和別人人同房又怕人家鼻鼾，所以各有好處。

我可以捐贈器官，我的遺體也可以不要。我起初打算火葬，後來說捐了出來給醫學院做解剖，向外展示也可以。你已死了，也不會知道誰來看你。我曾經參觀那些用真人製作的人體模型展覽，我看的時候心中會感謝他們那些願意捐出遺體的人。我對我的測量儀器也是當它們是人看待。

後悔？

後悔的事也記不起這麼多，我也說過我認錯很快，快些懲罰了我便又重新開始。有得補救便補救，不能補救便不能補救，也未至發生過出人命這麼嚴重的事，可能已經記不起。因我很快原諒人，也很快原諒自己，沒什麼牽掛。

如果可以選，難以選擇在家裡做大、細或中間。因各司其職，像喜愛做老闆還是下屬，其實各有各的壓力，所以你在什麼位便做你該做的事。我也不會一定要想做生意，可以說我很因

循，我做了測量後便一直做這行，因我覺得很容易。在家我做大，行先死先，給媽打打先，但做小的又給哥欺負，如何選擇是很難選的，各有各的好處或不好處。

我沒有後悔到南洋工作。人家常說不來就好（不來南洋打工就好），我說你怎知不來更好，不來可能更差。人家後悔來這邊捱豬仔，我說這邊你可以捱，你不來可能餓死了。你永遠不會知道不來的後果，因沒有比較。

有否被人騙過也記不起了。我不太去記，或者傷害不深，又或者過氣過得快，現在更加忘記得快。早期時也是很快便過去，你發怒、埋怨他人沒用，如何咀咒，用什麼方法他也不會倒下。

我是十分誠實的，不懂騙人。我也沒有騙過人，說笑式的謊話就很多，我說完謊馬上會說我說謊。不知何解，跟我聊天的總是女的多，可能男的不想和我聊，女的較八卦。我有次說謊騙一個女同事，人家在旁知道，我會說：我騙了你，你就不要給下一個騙了。我說：我騙你我沒有不軌企圖，我不會說我是個好人，我只是中性的一個人，但不壞，如果我是壞人你便不得了。我問她我是男人還是女人，她說男人，我說男人就不要信，最先騙你的是你父親，叫你嫁給你的老公，現在你知道你老公有多「好」。其實我不知道她老公好不好，但總會有爭執。這就是開玩笑，是公開的。我又說：相信父母一定不想欺騙自己的子女，但如你問你父親，從中環坐哪一號巴士到大學堂，他說2號，但其實2號應到筲箕灣，3號才是去大學堂。他不想騙你，但他給你錯的資料，或者是他給人家騙了。所以無論接收到什麼資料都要自己下判斷，想想合理不合理，如果資料是錯的會有什麼後果，

能否補救。

　　我曾在機場撿到千多元美元，有人見到，說是他的。那錢是放在信封內，不是放在銀包，所以沒有其他資料對證；我說你如何證明是你的？他說了一大遍，完全是空口講白話。我說我交上機場的警崗，他追著我，我跟他說我們一起去，你和警察解釋是你的吧。那人最後沒有跟我到警崗，我相信他只是冒認。我交了給警察之後，警察就按他們的規矩，過了三個月如沒人去領，便叫我去九龍城警察局把錢領走。警察處理那些鈔票像證物一樣，用透明膠袋封好，像溪錢那樣散開。對於拾遺之事我常常有個疑問：如果我撿到別人的東西放入自己的袋拿回家，就是拾遺不報，我有罪；但如果我是打算拿到警察局，在到警局途中的時間算什麼？我在路上，怎麼判斷我是回家還是去警署？我覺得這是個灰色地帶。

毀譽不驚

　　我不懂無中生有，必要先有問題出現，我才去找解決辦法。人家向我訴苦，說有人指責他，他很不高興，我於是產生了一些想法。我去開解他，用的方法其實是因利乘便。我說你和人家有矛盾，一切指罵，是因為意見不合，一個說東一個說西；那只是意見，不用去爭拗。有辦法的話便各走各路，例如那些政黨，互相指責那又如何，不用那麼在意。你覺得你的宗教好，我覺得我的宗教好，你可以向我去介紹你的宗教，我不受落便罷。所以我不怕激，可能因此能保持長壽，又或者說已經激死了，死過便不

會再死。

人家說被人歧視，我說歧視一定有，敬老尊賢已是歧視。你老為什麼要尊？為何要讓座給你？歧視意思是對人或事不用一般方式對待，而是分開，用不同方式處理；他優待你是歧視，蔑視你也是歧視，所以像讚美和批評的道理一樣，讚美或批評，都是對你有不同意見。

政治

作任何事我不可以在那個位置而不理不管。如果我在那個位我會很出力，但不在其位就不謀其事，因為我也無能為力。以加拿大來說，我會把握全部投票的機會去投票。我十分鼓勵別人投票，在老人會那裡我叫他們去投，他們說移民了這麼多年都未投過。為什麼不投？這是你的權利，也是你的義務，但我想他做不到，正如我想請你飲茶也沒錢。我說你不認得人名，你的兒女他們選誰你選誰，幫多一票。那怎樣選？讓他們寫個名字給你，你拿著入去對。如果認真不懂，子女又遠，又不想求其他人，便投白票；甚至如果怕白票給別人用來投，便畫多兩個名，有兩個名便是廢票，廢票還是有用的。第一，你去登記時，人家會拿你的地址資料，然後把你名字從投票名單中刪掉，你就不能再來，也知道誰投過票，但你投給誰他們不會知。人家見到很多中國人來投，這樣中國人也有多些影響力，應當幫幫中國人。如不想幫華人，但投票率高也幫到政府看起來好一些。

移民前，在香港有區議會選舉，我鼓勵太太去登記參選。登

記要HKD100元按金，若沒有2%得票率便沒收按金。登記之後可以免郵費寄信給選民做競選宣傳，或者去街頭張貼海報。我跟我太太說要你寫信便沒有時間，也沒有內容，但可以張貼海報，四處都見到你的樣貌；這只是說說笑而已。人家問我去投給誰，我答是投給某某，他們說這人不是很有名，我說他的海報較人家的細，人家的是彩色的，看得出有很多錢，錢多的沒時間，你看他廿多個銜頭，什麼什麼理事會一大堆，哪有時間做議員？我選那個只有一兩樣銜頭，相信會有空辦事。他這麼窮，印的是黑白傳單，也會落力。我用這個觀點來投票。在加拿大我試過投綠黨，當時綠黨不成氣候，我說要養大些細黨和大黨去競爭，但到綠黨也有一席，我便不投他們了。我跟白頂紅的，希望扶植一下細黨，因這邊是政黨政治，你讓它一黨專政便不好，實力平均一點才能互相制衡，正反討論。我看黨不看人，因我根本不瞭解那些人，個個都好像很好，有野火會，有newsletter；我不在意候選人是否華人，我不會歧視的。

我當然想中國好，其實我想人人都好，但因為血統問題，中國對我來說較親切，身邊的親人也會因為中國的情況得益或受害。但這個我是無能為力的，我有意見想提出來，也不知道在哪個管道提意見，所以也就沒什麼可以做的，知道情況就是。

宗教

約2003年，兒子到了北京工作，我去探他。那時沒有什麼特別活動，多數時間是上網；也學懂坐的士，兒子替我們找一些

就近能飲茶的地方，我和太太自己就坐的士去。此外我們每週日跟兒子到教會。那邊的教會是聯合會，由多個基督教會合辦，被邀請講道的牧師來自多個不同教會，只供外國人參加，本地人就參加他們的本地教會。我們會隨身帶有外國護照的影印本，而且的確需要出示，教會內有人檢查，雖然未至於中國政府來檢查，但教會不敢放鬆。我兒子有向我傳教，但說多幾句便不能說下去。我的理論是你們是人，不是神（我也是用他們那套說法去跟他們理論）。如果你不能說服我，不是你的責任，只是神沒有來幫忙；或者可以說聖靈覺得我還未配，上帝覺得我還未預備好，要我留在教會外面；又或是天主未施展祂的功力。我不能擔保我什麼時候會信，可能我明天便會信；而我如果口說信，一切儀式都跟著做，那沒有用，我也是會落地獄，我不敢這樣欺騙上帝。我兒子不會再和我說了，而是回去祈禱。但他仍時常發些見證的訊息給我看，我看了但沒什麼感覺。我的意思是我不知那是真是假，正如我不看中醫。我不敢說中醫沒有用，他們的確醫好很多人，但我不知那中醫是否有能力。人人都可以說自己是中醫師，我也可以，留些鬍子看上去更像，但西醫至少他們有考核、有執照，看錯症只能怨命。中醫尤其是針灸，出錯誤有可能令你從此不能走路。我的理論是我各種宗教都懂一些，因我自從沒上班便四處去逛，認識其他教會。那我為什麼不信？人家說可以找一個去信；我說不能隨便找一個，要找一個好的。我常說如果拍拖的對象太多，那人是結不成婚的；他看到所有人的優點，又看到所有缺點。有人曾經這樣說過：我想信，但我怕選了一個不好的宗教（跟錯大佬），我不知誰是理想的大佬。但我會介紹人家到

網上看《聖經》。我不勉強人家去信，但至少要知道裡面的內容。我的想法是，你叫他買一本《聖經》，他當然不怎麼願意；你送他一本，他也未必有地方放，還有有些人的家人不喜歡家中有《聖經》，我便說唯有網上閱讀。

有些人相信死後到西方極樂、上天堂，我的看法是我真的不知道。宗教說以人的智慧是不可能知道上帝天神等級的想法；我覺得對人的想法也是如此，我們也不瞭解另一個階級、另一個學識的人的想法。這不一定是學問方面的不能理解，即使一個人目不識丁，他/她的思想也可以是另外一個層次，而且我覺得層次不是一層在一層之上，而是重疊的，意思是有些思想我比你厲害，有些地方你比我能幹。

我真的不知道有沒有造物主，也無法去知有還是沒有，說有的人是他們將他們手上的資料整理出來的結論，是他們的判斷。我常說法官、陪審員，不說他們受黑、受政治壓力，在完全公正、清醒的情況下，即使有法律知識，他們也會判錯，因為他們只憑呈堂證供來裁決。有些證據沒有呈上來，有些證據是隱藏了的，有些是人故意隱瞞的，有些未曾找到，或者已經在天災人禍中消失了。判案時沒有這部分資料，只能根據你所知的資料去判斷。我以我所有的資料，我不能去定案，有沒有創造者。佛教是無神論，但他們又會解釋到最先的創造，什麼都有因果。最先的因叫第一因，那個因也是合成的，用什麼合成，無法去跟，以我們的知識，就像一個環，無頭無尾，一個環扣一個環。我覺得他們這樣說，事實上也許不是如此，因他們只是以所識的來解釋。其實我沒有定論，無定論便隨它去；正如你坐一隻船，船上有人

告訴你由哪裡去哪裡，你知道；現在我不知道，在大海漂流，漂流便漂流。又好像你參加旅行團，尤其是中國的旅行團，有一點很不好，去某地點總不教你如何能去到，不會詳細說明，我們只是跟著去；我覺得人生就是如此。

人生

我覺得生命重要，沒有生命就不能生活；但生命也不是最重要，如果我保留到命，不要說是植物人，但你要別人扶、服侍，那便是負一。健康很重要，但健康守得住便守，守不住也算，不能勉強。就像我把錢儲起來，足夠餘生，一聲打仗、賊劫便什麼也沒有，你也沒有辦法。我受佛教影響很深，佛教說你的身家不是你的，不止是身家，所有其他東西，包括可以損失的東西都不屬於你。財富是五家的，那五夥人即兵（法律）、賊（打劫）、水（災）、火（災）、仔（子孫）。你兒子敗家，你便沒有了。我受這思想影響之下事情看得很淡，沒有什麼你可以控制的。你說兒子是你教的，人人都想教好兒子，但不是你想教好便好。我看生命其實不用看什麼，任何事來到便來到，要死便死，不死我也不能去死。就算要自殺，跳樓又行不上去，服毒又沒有人替你買藥，用刀割脈又切不入。

我覺得每次和人家見面都是最後一面。我某年某月去過澳門，原來那是我最後一次去澳門，因如果沒有下一次那便是最後一次，所以要珍惜，每一次都是最後一次的機會。有恩的抓緊機會去報恩，有仇的也要盡快去報，否則可能沒有機會了。不管是

什麼，只要你覺得人家對你有恩，你便應該對人家好。朋友方面我隨遇而安，談得投契便談，不投契便算，沒什麼所謂。我和一些幾十年的同學曾經有過聯絡，曾有段時間和他們有些電郵來往，其中一個說會從美國來探我，之後也沒有實現，可能他也像我年紀大了。後來也沒再聯絡。我沒有刻意去維繫，只是隨緣，因我覺得太執著是沒用的，朋友見到便見面、聊天，見不到便見不到，我如果跟某人不見面也會忘記那個人。

我是不會去記著不如意的事。現在我死不了，有些人說那便好，其實任何事都有好有不好，長命也可以不好。像開車，有人說自動波不好開，要用棍波，也有人不懂開棍波。有人說買車要買棍波，人家偷也不會偷棍波的車，一看到棍波便走開。

我覺得人人都命苦，這是佛教影響，只是大苦還是小苦的分別。人人也會有樂，沒有比較便不知自己是大苦還是小苦，與別人比較才知道。一定有人比你苦，一定有人比你好，比上不足比下有餘。現在沒有什麼感覺開心不開心，我這種環境際遇有人會覺得十分淒涼，怎算幸福，我就是在中間浮游。

人類

我對何家我們這一代的景況曾經開玩笑說過是祖宗山墳有問題，但我並不介意何家現在絕後的情況。我覺得絕後有助控制人口。我曾有一個怪想法：世界人口不斷增加，你要人家不去生育會很辛苦的。當時人造衛星剛出現，我說有沒有一些死光，照一照那人便會不育，然後在地球上平均去射，在每一個地區街巷都

有一半人不育，而政府會確保那些沒後代的人有人處理身後事，像抽獎一樣，不影響秩序、法律，不用天災去減少人口。

對於環保，我覺得人類是過客，地球是旅館。我們今天在住，明天便搬走。你不會拆了旅館的床，打爛那些傢俬；你用完便走，一切保留下來。如果你信輪迴，你怎知什麼時候又再來住，或許人家以後都不讓你進來（未必真的這麼嚴重），但把旅館破壞良心過不去，亦沒有什麼得益。對於死後，有宗教的會有他們的地方，沒宗教的也有地方，只是不知是哪裡。有人怕，我卻不怕。我覺得這個世界任何物種都可以滅絕，人類也可以，對我沒關係，我做不了什麼。我覺得世界就像一條繩，由很多纖維造成很多股，像威也，幾小股又做成大股，可以很多層。我們的組織也是這樣，我是其中一條線，我有多長便多長，和下截連結，下截又和我連在一起，沒有了誰都可以，你只是抽起幾條纖維（抽得多當然不能）。我覺得我是這條繩其中的一段，我負責這一段，做好這一段，不搞亂這一段便算。我懂得多，想全部教給他人，但人人都忙得很，沒有這麼多人學便算。就像蝦、海龜，生很多，但只有幾隻游到海中，其他已成為獵物。如果我可以活到海中便傳下去，走不到便責任完了。

我覺得上一代和下一代已脫節。上一代不懂電郵，下一代不懂上一代的事物，說出來又不明你說什麼。很多事情上各有各想法。年輕人不懂用瓦煲做飯，有個80多歲老人家就不懂用電飯煲，拿出那個膽放在爐頭上。他的家人為他弄好餸菜，飯就由他做。餸菜放在雪櫃，他又不懂用微波爐加熱，便用煲去蒸熱。家人買幾個電飯煲回家同時蒸幾碟，因電飯煲即使乾了水也沒問

題，不會損壞，這就是各有變通。又有個老人家也是不懂用微波爐，家人教他可以把飯加熱，他放臘腸入內以為就這樣可以加熱。不同年代的人分差很大，沒有一個時代特別好，每一個時代都有好的時間。我當年攝影是用菲林沖曬的，我也學過黑房操作，當時剛有彩色沖曬，也是知道原理，但因彩色沖曬太昂貴沒有實習。現在數碼攝影我就不懂，學過也不記得了。

人類現在無所謂進步退步，視乎你如何看，方向可以說是搖擺不定，已沒有好與不好之分。我聽人家說世界事物是螺旋形的，不是波浪二維，螺旋式是忽左忽右忽上忽下地前進，沒有退後，但已走不到回頭路。像女人的髮型時長時短，但其實沒有走回頭，男士的西裝領款式也是。

世界、社會、人類的延續，像一條纜，會不會有斷的一天？會，像恐龍，以前世界是牠們統治，但也會滅亡。人類會否滅亡？會的，沒有了又會如何？未有人類之前又是如何？我現在懶懶閒，日過日，無什麼牽掛，已想不到太多。想不到便不想，不去浪費精神。

國家圖書館出版品預行編目

何思賢回憶錄 / 何思賢口述；黃珊筆錄. -- 臺北市：獵海人，
2024.03
　　面；　公分
　ISBN 978-626-98128-4-4(平裝).

1.CST: 何思賢 2.CST: 傳記

782.887　　　　　　　　　　　　　　　113000645

何思賢回憶錄

口　　述／何思賢
筆　　錄／黃　珊
出版策劃／獵海人
製作銷售／秀威資訊科技股份有限公司
　　　　　114 台北市內湖區瑞光路76巷69號2樓
　　　　　電話：+886-2-2796-3638
　　　　　傳真：+886-2-2796-1377
網路訂購／秀威書店：https://store.showwe.tw
　　　　　博客來網路書店：https://www.books.com.tw
　　　　　三民網路書店：https://www.m.sanmin.com.tw
　　　　　讀冊生活：https://www.taaze.tw

出版日期／2024年3月
定　　價／480元